自ら学ぶことは、こんなに素晴らしい

自律的な
学習意欲の心理学

櫻井茂男 著

誠信書房

はじめに

　いまから 20 年前の 1997 年，筆者が奈良教育大学から筑波大学に異動して 2 年目の年になりますが，誠信書房さんより『学習意欲の心理学——自ら学ぶ子どもを育てる』という本を出版していただきました。当時は大学院を修了して 10 年ほどが経過しており，研究がとてもおもしろくなってきたころでした。それまでの学習意欲についての研究成果を一般向けの本にしたいということで，やさしい語り口で，一生懸命執筆したことを思い出します。大学院当時の副指導教員であった故杉原一昭先生が，「研究をしっかり理解していれば，それがどんなに難しい内容であっても一般の人たちにやさしく説明できるはずだよ」と言っておられたことも，このような本を執筆する理由のひとつになりました。この本が 20 年を経過してもなお現役であることをとても光栄に思います。また，多くの読者の方々に心から感謝しています。

　さて，縁あって，このたび新たに本書『自律的な学習意欲の心理学——自ら学ぶことは，こんなに素晴らしい』を誠信書房さんより出版することになりました。編集部長の中澤美穂氏と打ち合わせをしてから 1 年以上が経過してしまいましたが，筆者が執筆した本のなかでは比較的順調に筆が進んだほうだと思います。還暦を迎え，30 年間の研究をまとめたいという思いが強かったのかもしれません。前の本『学習意欲の心理学』は学習意欲についての基礎編という性格が強いのですが，本書『自律的な学習意欲の心理学』は学習意欲についての発展編といえる内容になっています。ここ 20 年ほどの研究成果をできるだけわかりやすく解説し，子どもの養育や教育に生かしてほしいという思いで執筆しました。ただ，研究内容をしっかりまとめたいという姿勢から，部分的にはかたすぎて読みにくいものなってしまったかもしれません。まことに恐縮ですが，そのような部分は斟酌してお読みいただければ幸いです。

　本書でお伝えしたかったことは，「自ら学ぶ意欲」（自律的な学習意欲）に

は，従来よく指摘されている「内発的な学習意欲」のほかに「自己実現のための学習意欲」があること，そしてこれは内発的な学習意欲をベースに形成され，自分の将来の仕事や生き方と関わる学習意欲であり，キャリア発達のための学習意欲といっても過言ではないこと，さらに新学習指導要領で注目されている「主体的・対話的で，深い学び」(アクティブ・ラーニングの視点)を実現するための学習意欲でもあること，です。もちろん，自ら学ぶ意欲(自律的な学習意欲)によって学ぶことが，とっても素晴らしいこと，であることもお伝えしたいと思いました。

　本書の構成について少し説明しておきます。1～3章では「自ら学ぶ意欲」の捉え方，メカニズム，発達について述べましたが，ややかたい語り口になっていますので，もし最初に読むには抵抗があるという方は，5章→6章→1章→2章→3章→4章→7章，という順序で読まれるとよいかと思います。5章は「自ら学ぶ意欲」に関係する理論，6章は「自ら学ぶ意欲」がもたらす成果，4章は学習意欲を測定する方法，7章は終章として「自ら学ぶ意欲」の育て方，が紹介されています。

　本書が前の本とともに，学習意欲，とくに自ら学ぶ意欲(内発的な学習意欲と自己実現のための学習意欲)について興味・関心をもっておられる読者の方々の理解や実践に役立つように願っています。また，筆者の力量不足もありますので，忌憚のないご意見をお待ちしています。

　なお，本書で引用しました私が連名となっている研究は多くの方々の協力の賜物です。具体的にお名前を挙げることはここでは差し控えますが，彼らに心より感謝申し上げます。また，原稿の完成まで終始筆者を励ましてくれた妻の登世子，息子の祐輔にも心から感謝いたします。最後になりましたが，大変な編集の労をお取りいただきました編集部の曽我翔太氏に感謝いたします。

2017年8月　"You raise me up"を聴きながら

櫻井茂男

目　次

はじめに　*iii*

第1章　学習意欲とは何か……………………………*1*

1 学習意欲とは　… *1*

2 学習意欲の分類　… *3*

（1）自ら学ぶ意欲と他律的な学習意欲　*3*

（2）外発的な学習意欲　*5*

（3）特性としての学習意欲と状態としての学習意欲　*6*

3 学習意欲を具体的に分類するには　… *7*

4 自ら学ぶ意欲の特徴　… *10*

（1）発達的な特徴——幼少期からか，小学校高学年からか　*10*

（2）将来展望的な特徴——現在志向か，未来志向か　*11*

（3）自発的な特徴——深い学びと適応がもたらされる　*12*

⑤　自ら学ぶ意欲とアクティブ・ラーニングの関係 … *12*

（1）アクティブ・ラーニングとは　*13*

（2）これまでの経緯　*13*

（3）アクティブ・ラーニングがめざす3つの学びとは　*14*

（4）子どもに対するアクティブ・ラーニングで留意すべき点　*15*

第2章　自ら学ぶ意欲のメカニズム…………… *16*

①　動機づけとは … *16*

（1）欲求の役割を重視した動機づけプロセス　*18*

（2）認知の役割を重視した動機づけプロセス　*21*

（3）感情の役割を重視した動機づけプロセス　*22*

②　自ら学ぶ意欲の発現プロセス … *23*

（1）安心して学べる環境と情報とメタ認知（自己調整）　*25*

（2）欲求・動機　*26*

（3）学習行動　*27*

（4）認知・感情　*28*

③　自ら学ぶ意欲のプロセスモデルに関する実証的な検討

… *29*

目　次　*vii*

第3章　自ら学ぶ意欲と発達 ……………………… 35

① 発達とは … 35

（1）発達の捉え方　*35*
（2）発達段階　*38*
（3）発達を規定するもの──遺伝と環境　*41*
（4）双生児研究の成果　*44*

② 自ら学ぶ意欲の発達 … 46

（1）発達の特徴　*46*
（2）各発達段階における自ら学ぶ意欲の有り様　*48*

第4章　学習意欲のアセスメント ……………… 62

① 学習意欲に関係する要因 … 62

② アセスメントの方法 … 63

③ 質問紙法によるアセスメント … 65

（1）欲求・動機に関連する要因のアセスメント　*65*
（2）自己調整学習に関連する要因のアセスメント　*70*
（3）学習行動のアセスメント　*73*

viii

（4）認知・感情に関連する要因のアセスメント　*74*
（5）その他　*79*

第5章　学習意欲に関連する理論 ……………… *81*

1　学習意欲に関連する理論とは　… *81*

2　自己決定理論　… *82*

（1）認知的評価理論　*83*
（2）有機的統合理論　*84*
（3）因果志向性理論　*86*
（4）基本的心理欲求理論　*86*
（5）目標内容理論　*88*
（6）対人関係動機づけ理論　*89*

3　達成目標理論　… *89*

4　期待×価値理論　… *91*

（1）エックルズの価値づけ　*91*
（2）バンデューラの効力期待と結果期待　*93*
（3）ワイナーの達成動機づけ理論（原因帰属理論）　*93*

5　自己調整学習に関する理論　… *94*

目　次　ix

第6章　自ら学ぶ意欲がもたらす成果 ………… 99

①　自ら学ぶ意欲がもたらす成果とは … 99

②　成績の向上 … 99

③　健康の増進 … 104

（1）自ら学ぶ意欲と健康　104
（2）教師の教科指導のための学習動機と健康　107
（3）仕事への就業動機と健康　108

④　創造性の伸長 … 110

第7章　自ら学ぶ意欲の育て方 ……………… 113

①　学習意欲を育てるとは … 113

②　発達に関連する要因 … 115

（1）自己実現のための学習意欲の低下と高校受験　115
（2）等身大の有能感がもてないこと　117

③ 対人関係に関連する要因 … *118*

（1）対人関係の基礎──安定した愛着の形成　*118*

（2）親に関する要因　*119*

（3）教師に関する要因　*122*

（4）仲間に関する要因　*123*

④ 報酬と評価の要因 … *124*

（1）報酬という要因　*125*

（2）評価という要因　*126*

⑤ 養育・教育に関連する要因 … *127*

（1）乳幼児期における養育として　*127*

（2）児童期における養育・教育として　*128*

（3）青年期（とくに中学校時代）における教育として　*129*

文　献　*131*

索　引　*144*

第1章 学習意欲とは何か

① 学習意欲とは

　「意欲」ということばは，いろいろな場面で，人の気持ちを描写するときによく用いられる。子どもが熱心に野球の練習をしているとき，コーチは親御さんに「お子さんは練習にとても意欲的ですよ」と伝える。また，子どもが算数の勉強に一生懸命に打ち込んでいるとき，教師は「あの子は算数に意欲的に取り組んでいる」と評価する。子どもだけではなく大人でも，会社の仕事に意欲的であるとか，子育てに意欲的である，などと表現することが多い。これらすべてに共通することは，「意欲」的であることはとても素晴らしいということである。
　さて，意欲とは一般的にどのように捉えられているのだろうか。手元にある広辞苑で調べてみると，意欲とは「積極的に何かをしようと思う気持ち」と説明されている。先にあげた例では，たしかにこうした意味で意欲が使われている。これを本書で扱う「学習意欲」にあてはめると，学習意欲とは「学習を積極的にしようと思う気持ち」ということになるであろう。もちろん一般的にはこれでよいと思うが，本書では，積極的ではなく"消極的に"学習をしようと思う気持ち，より具体的にいえば，学ばなければいけないから（仕方なく）学ぼうと思う気持ち，も含むことにしたい。というのは次節で説明するが，学習意欲のひとつである「他律的な学習意欲」（簡単にいえば，他者に指示されて仕方なく学ぶような意欲）には，こうした気持ちが含まれるからである。それゆえ，本書で扱う学習意欲とは「積極的に，場合によっては消極的に，学習をしようと思う気

持ち」ということになる。

　ところで、意欲や学習意欲ということばは心理学の専門用語ではない。心理学の世界ではこれらのかわりに「動機 (motive)」や「学習動機 (motive for learning)」という用語が用いられる。動機とは「ある目標の達成に向けて行動しよう（あるいは行動を続けよう）とする力」である。大まかにいえば、意欲≒動機、学習意欲≒学習動機、ということになるであろう。

　ただ、本書は心理学の本なので、動機について少し専門的な説明もしておきたい（桜井、1997 参照）。図1-1 をみてほしい。動機は、数学のベクトル量のようなものとして説明されることが多い。ベクトル量は矢印で示され、"方向"と"大きさ"という成分で構成される。動機にあてはめてみると、方向とはある目標に向かっていくこと、大きさとはその目標に向かって行動を起こし推進する力のこと、である。また、本書で扱う学習意欲（学習動機でもほぼ同じ）の場合にあてはめると、方向とは自ら学ぶ目標かそれとも他律的に学ぶ目標か、という動機の種類に対応し、大きさとはおもに有能さ（コンピテンス）を求める力、いわゆる有能さへの欲求に対応する。なお、学習意欲の方向については、次節の学習意欲の分類のところで詳しく説明する。

　また、動機やそれに関連する用語（動機づけ、目標、欲求、動因、誘因など）については第2章で解説するが、詳しいことをお知りになりたい方は櫻井 (2009) や鹿毛 (2013) を参照してほしい。

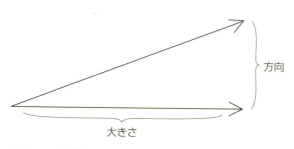

図1-1　動機のとらえ方

② 学習意欲の分類

学習意欲は,「自ら学ぶ意欲(自律的な学習意欲)」と「他律的な学習意欲」に分けることができる(図1-2)。もちろん,学習意欲が生じないような状況は「無気力」として分類されるが,ここでは,前節で説明したとおり,積極的であろうが,消極的であろうが,学ぼうと思う気持ちがある状態あるいはそうした傾向(「特性としての学習意欲」:後述)を対象に考えていくことにする。

(1) 自ら学ぶ意欲と他律的な学習意欲

自ら学ぶ意欲(voluntary motive for learning)は自発的に学ぼうとする意欲であり,2種類の意欲で構成される(図1-2参照)。ひとつは,知的好奇心(curiosity:いわゆる興味・関心)に基づいて,おもしろいから学ぼうとする意欲であり,伝統的には「内発的な(intrinsic)学習意欲」とよばれる。

もうひとつは,人生(将来)の目標を達成するために,"意識的に"学ぼうとする意欲であり,「自己実現(self-actualization)のための学習意欲」とよばれる(櫻井,2017)。自己実現のための学習意欲は,内発的な学習意欲に比べると,より"意識的に"学ぼうとする意欲であり,人生(将来)目標の達成に向けて一生懸命に努力する意欲といえる。これに対して,内発的な学習意欲は,珍しいことや未知のことに興味・関心をもち,それを解明したいという知的好奇心(意欲の源で欲求のひとつ:第2章参照)を基盤にしているため,どちらかといえば"非意識的に(意識することなく)"

図1-2　学習意欲の分類

おもしろく学んでしまう意欲といえる。

　例をあげてみよう。幼い頃から昆虫の生態に強い興味・関心を示す(筆者のような)子どもを想像してほしい。その子が，小学校の理科の時間，こうした領域のことに，のめり込むように(非意識的に)学んでいるとすれば，それは内発的な学習意欲で学んでいる状態といえる。一方，その子が中学生になり，自分の主たる興味・関心は昆虫の生態にあることを"自覚し"，さらに理科の成績もよいことから，将来は理科の教師になりたいと決意し，理科の教師になるために理科以外の教科にも"意識的"・積極的に取り組んでいるとしたら，それは自己実現のための学習意欲で学んでいる状態といえる。

　ここでひとつ大事なことがある。それは，自己実現のための学習意欲が形成・発揮される段階(おもに中学校時代以降)では，子どもは，①自分の主たる興味・関心を自覚し，その主たる興味・関心に基づいて楽しく学んでおり(内発的な学習意欲が発揮されており)，さらに②その主たる興味・関心を活かすような，すなわち自己実現へと向かうような，大まかな人生(将来)目標をもって意識的に学んでいる，ということである。このような見方をすると，内発的な学習意欲は，自己実現のための学習意欲のベースであり，必ずや自己実現のための学習意欲と併存する意欲といえる。

　ここで用語の使い方について，私見を述べておきたい。自ら学ぶ意欲と自律的な学習意欲の使い方についてである。本書ではすでに説明したとおり，非意識的な側面がある(目的意識がやや希薄な)「内発的な学習意欲」と，意識的な側面が強い(目的意識が強く，さらにすべてを自分でコントロールしているという意識も強い)「自己実現のための学習意欲」をまとめて「自ら学ぶ意欲(自律的な学習意欲)」(図1-2参照)と表記している。「自ら学ぶ意欲」のほうがより適切な用語であるが，「自律的な学習意欲」でもそれほど大きな違いはないと判断し，こうしたのである。というのは，自律的(autonomous)とは「己を律する」という意味であり，非意識的な側面がある内発的な学習意欲にはすっきりとマッチしない表現だからである。ただ，今日的にはよく用いられる表現であり，「どちらかといえば

自律的である」という意味に捉えれば大きな問題とはならず，しかも他律的な学習意欲（図1-2参照）ともうまく対をなすため，「自ら学ぶ意欲（自律的な学習意欲）」という表記になった次第である。筆者はもともと内発的な学習意欲の研究者であり，これへの思い入れはとても強い。それゆえに，2つの用語の違いが気になるかもしれないが，この微妙な違いを読者の方にもわかってほしいと思う。

さて，学習意欲のもうひとつは，他律的な（controlled）学習意欲であり，他者からの指示やプレッシャーによって，そして多くの場合は仕方なく学ぼうとする意欲である。本書では他律的な学習意欲と表現するが，統制的な学習意欲と表現される場合もある。ただ，英語のcontrolledという単語を「統制的」と訳すのは誤りであり，統制ということばを用いて訳すのであれば「被統制的（統制された）」とするのが適切であると思う。

（2）外発的な学習意欲

これまでの心理学では「外発的（extrinsic）動機（づけ）」という用語もよく用いられてきた。学習意欲という表現を使うのであれば，外発的な学習意欲ということになる。これは内発的な学習意欲と対にして用いられる。すでに説明した内発的な学習意欲は，興味・関心に基づく学習意欲であるが，「目標か手段か」という別の観点から分類すると，内発的な学習意欲は学習それ自体の達成を目標にしている意欲であるのに対して，外発的な学習意欲は，学習それ自体の達成は手段であり，その他のことを一義的な目標にしている意欲といえる（櫻井, 2009）。蛇足になるかもしれないが，既述のとおり，内発的な学習意欲にとっての目標（学習そのものの達成）は，強く意識されることは少ないと思う。

さて，少々ややこしいので，ここで例をあげて考えてみよう。学習それ自体がおもしろくて，すなわち学習それ自体が目標のようになっている場合は，内発的な学習意欲で学習をしているといえるだろう。一方，あこがれの高校に合格するため，あるいは母親の「勉強しなさい」ということばに反応して（母親にしかられないために）学習をしているような場合は，外発的な学習意欲で学習しているといえるだろう。

本書では，図1−2に沿って説明をするため，外発的な学習意欲という表現はできるだけ使わないつもりであるが，じつは自己実現のための学習意欲と他律的な学習意欲はともに外発的な学習意欲に分類することができる。これまで，外発的な学習意欲は他者からの指示で仕方なく学習をするという他律的な学習意欲の部分が強調されてきたため，教育的には望ましくない意欲として扱われている。しかしすでに述べたとおり，自己実現のための学習意欲はとても望ましい学習意欲である。具体的にいえば，子どもたちが将来を展望し，現在の学習活動を充実したものにしていくために重要な学習意欲であり，他律的な学習意欲とは独立して取り上げることが望ましいといえる。それゆえ，従来の悪しき伝統を払拭するため，本書では従来の研究との関係で使用する必要がある場合を除いて，外発的な学習意欲という表現は使用しないことにした。

（3）特性としての学習意欲と状態としての学習意欲

図1−2の学習意欲の分類は，「特性（trait）としての学習意欲」の分類であり，同様に「状態（state）としての学習意欲」の分類でもある。例えば，AさんはBさんよりも学習全般に対して内発的な学習意欲が高い，というように学習意欲の個人間の差に注目する場合には，特性（この場合は個人間差）としての学習意欲が問題にされていることになる。一方，Aさんは昨日の数学の時間には内発的な学習意欲が旺盛であったが，今日の数学の時間には教師の指示に従うだけの消極的な学習意欲しか示さなかった，というような（個人のなかで時間の経過とともに学習意欲が変化する）場合には，状態としての学習意欲が問題にされていることになる。

なお，Bさんは英語には内発的に学べるが，数学には周囲からのプレッシャーがないと学べないというように，ある個人のなかにおいても，学ぶ対象が異なれば学習意欲に違いがみられる。このような場合の学習意欲は，特性としての学習意欲ではあるが，同時に個人内差としての学習意欲と捉えられる。

少し難しい話になったかもしれないが，ごく簡単にまとめれば，学習意欲を時間の経過とともに変化するものとして捉えるのが状態としての

学習意欲であり，あまり変化せず安定したものとして捉えるのが特性としての学習意欲である。

③ 学習意欲を具体的に分類するには

　図1-2では学習意欲を，自ら学ぶ意欲（自律的な学習意欲）と他律的な学習意欲に分け，さらに前者を内発的な学習意欲と自己実現のための学習意欲に分けた。本節では，こうした都合3種類の学習意欲について，より具体的な分類の方法，すなわち質問項目による分類の方法について紹介するので，3種類の学習意欲の違いをより的確にイメージしてほしいと思う。

　すでに説明したとおり，学習動機（意欲）はベクトル量として捉えられるが，その成分のひとつである方向，すなわち学習動機の種類は，学習する理由（reason）を問うことによって明らかにできる。より直接的に目標を尋ねてもよいが，理由のほうが目標を含む包括的な概念であり，子どもにはわかりやすく，さらに回答もしやすいようである。学習する理由が明らかになれば，そこから，学習に対して自ら学ぼうとする（自律的な）目標をもっているのか，それとも他律的な目標をもっているのかを判別することが可能となる。

　なお，学習する理由は，ある授業において学習する理由（状態の理由）も問えるし，授業や家庭での学習など多様な学習場面での安定した学習する理由(特性としての理由)を問うこともできる。ここでは後者について具体的な項目例を示そう。

(1) **内発的に学習する理由**——①興味・関心（好奇心）があるから，②学ぶことがおもしろいから，③学ぶことが楽しいから，④学習内容を理解できるとうれしいから，⑤好きだから。

(2) **自己実現のために学習する理由**——①志望する仕事につきたいから，②自分の将来にとって大切だから，③人や社会のために役立ちたいから，④充実した将来のために必要だから，⑤自分の能力

を十分に発揮したいから。

(3) **他律的に学習する理由**——①しないと先生や親がうるさいから，②恥をかきたくないから，③友達にばかにされたくないから，④ご褒美がほしいから，⑤お金持ち（有名）になりたいから。

　実際に子どもがもっている学習する理由，すなわち3種類の学習意欲の（方向の）程度を明らかにするには，各項目に選択肢（「はい」「どちらともいえない」「いいえ」など）を設けて，その程度を測定するのが一般的であろう。どの子も，程度の差はあるものの，この3種類の学習意欲をもっている。個人がもつ学習意欲として，どの学習意欲が「主」で，どの学習意欲が「従」であるか，ということが大事になるように思う。

　また，学習する理由のなかには3種類の学習意欲との関係がよくわからないものもある。その典型が「よい成績をとりたいから」という理由である（櫻井, 2009）。このような場合には，学習する理由の階層構造を想定し，それに沿って子どもに問うてみるとよい。すなわち，よい成績をとりたい理由（より高次の学習理由）は何かを問えばよいのである。それが，志望する仕事につきたいから，であれば，よい成績をとりたいという理由は自己実現のための学習理由に属する下位理由といえる。他方，それが，よい成績をとらないと先生や親がうるさいから，であれば，よい成績をとりたいという理由は他律的な学習理由に属する下位理由といえる。子どもは「よい成績をとりたいから」という理由をよくあげる。学校や家庭では，学習理由の階層構造を念頭に置き，より上位の理由を問うことで，子どもは自分の目標を明確にし，親や先生は子どもをよりよく理解できるようになると思う。

　さらに，(2)の自己実現のために学習する理由をよくみると，③として「人や社会のために役立ちたいから」という理由が入っている。(2)のほかの理由が，他者や社会とはほとんど関係のない理由（個人的な理由）であるのに対して，異色な理由（社会的な理由）といえよう。「人や社会のために役立ちたい」という気持ちは，心理学では「向社会性（利他性）」とよばれる。こうした社会的な理由もあることに注意してほしい。このことに

ついては第2章で詳しく説明したい。

　こうした話を講演ですると，学習する理由をたくさんあげて「これはどの学習意欲に入りますか」と尋ねられる。そこで，多様な学習する理由をあげて分類を試みた。その結果が表1-1である。参考になれば幸い

表1-1　3種類の学習意欲と学ぶ理由

〈内発的な学習意欲〉

- ・興味・関心（好奇心）があるから
- ・好きだから
- ・もっと賢くなりたい/できるようになりたい/成長したいから
- ・おもしろい/楽しいから
- ・もっと知りたい/理解したいから

〈自己実現のための学習意欲〉

- ・自分の将来のために必要だから
- ・重要だから（自分にとって価値があるから）
- ・志望する仕事につきたいから
- ・人間として成長したいから
- ・社会や人の役に立ちたいから
- ・重要な他者の期待に応えたいから

〈他律的な学習意欲〉

- ・報酬（ご褒美）が欲しいから
- ・他者（親や教師）にやりなさいと言われるから
- ・悪い成績をとりたくないから
- ・他者から能力が高いと見られたいから（賢いと思われたいから）
- ・他者から能力が低いと見られたくないから（ばかにされたくないから）
- ・恥をかきたくないから
- ・他者にほめられたいから
- ・他者に叱られたくないから
- ・世間の人が言うような，よい仕事につきたいから
- ・世間の人が言うような，悪い仕事にはつきたくないから
- ・重要な他者の期待に応えないと悪いから
- ・お金持ちになりたいから
- ・出世したいから
- ・有名になりたいから
- ・他者（多くは友達）に勝ちたいから
- ・他者（多くは友達）に負けたくないから
- ・子どものうちは勉強しないといけないから
- ・勉強しないと頭が悪くなるから

＊表面的には，いずれの学習意欲とも考えられる理由

- ・よい成績をとりたいから

である。ただ，人の気持ちは簡単には理解できないものなので，この表の分類も「こうした傾向がある」程度に受けとってもらったほうがよい。

例えば，自己実現のための学習意欲に分類される理由に，「重要な他者の期待に応えたいから」という理由が入っている。これは，自分を育ててくれた親や先生といった重要な他者に対して感謝をし，彼らの期待に応えたい，というような理由である。この理由の分類はとても難しい。他者にコントロールされているという点で他律的に学習する理由とも捉えられるが，筆者としては，意識のうえでは他律性を超えるような超越的な思いがあるように感じられたため，自己実現のための学習意欲に入る理由とした。

さて，ここでは動機（意欲）の方向に注目したが，学習意欲には大きさの成分もあり，こちらは有能さ（コンピテンス）を求める力である。これについては第4章で詳しく説明することにしたい。

④ 自ら学ぶ意欲の特徴

これまでの研究では，他律的な学習意欲よりも自ら学ぶ意欲のほうがより望ましい結果をもたらすことが多く報告されている（例えば，櫻井，2009などを参照）。詳しいことは第6章で説明するが，ここでは，自ら学ぶ意欲がもつ大きな特徴を3つ，指摘しておきたい。

ひとつは発達的な特徴，もうひとつは将来展望的な特徴，そして最後が自発的な特徴である。前二者が自ら学ぶ意欲のうちの，内発的な学習意欲と自己実現のための学習意欲との比較によって明らかになる特徴であり，最後は他律的な学習意欲と自ら学ぶ意欲との比較によって明らかになる特徴である。

（1）発達的な特徴——幼少期からか，小学校高学年からか

自ら学ぶ意欲のひとつである内発的な学習意欲は，幼少の頃（乳幼児期）から活発に働くが，もうひとつの自己実現のための学習意欲は小学校高学年の頃（児童期あるいは思春期）から徐々に働くようになる。

そのおもな理由は，内発的な学習意欲は知的好奇心という欲求を基盤とするため，知的好奇心が旺盛となる乳幼児期から働く。一方，自己実現のための学習意欲は，小学校高学年の頃になり，二次性徴の発現などにより自分に関心をもつようになり，大人とほぼ同じような段階にまで発達した思考能力で自分を分析し，そして一定の自己理解に基づいて将来のことが展望できる（すなわち，大まかな人生〈将来〉目標がみえてくる）ようになってはじめて働くようになる。とくに乳幼児期や児童期のはじめに，内発的な学習意欲によって活発に学ぶと，自分の個性としての興味や関心が明らかになってくる。それをベースに，将来の目標がみえてくると，自己実現のための学習意欲が開花することになる。先にも同じような例をあげたが，幼い頃に周囲の自然に親しみ，昆虫の生態に強い興味・関心をもつようになった子どもが，やがてそうした自分の興味・関心に気づき，将来は理科の教師になりたい，と思うようになるのは自然な流れであるように思う。

（2）将来展望的な特徴──現在志向か，未来志向か

　内発的な学習意欲は「いま」を志向しているが，自己実現のための学習意欲は「未来」を志向しているといえる。内発的な学習意欲は「いま」学ぶことがおもしろくて学んでいるのであり，その学ぶ目標もあまり意識されず，さらに将来これをしたいからとか，将来こういう仕事につきたいから，といった目的意識も希薄である。それゆえ，この意欲は幼少期から生じ，学ぶ目標や目的をあまり意識せずに，ただおもしろいからという理由で学びに没頭でき，その結果としてその子のもっている潜在的な能力を自然に開花させる役割を担っているといえる。

　一方，自己実現のための学習意欲は，（1）で説明したとおり，小学校高学年くらいから生じるようになり，「未来」を意識して，将来こういった仕事につきたいからとか，将来こういう人になりたいから，といった目的意識が比較的明確である（発達的に徐々に明確になる）。時間的展望のもとに学習意欲が生まれ，その発現と持続には，自分を一段高いところからみて，自分の学習をうまくコントロールするメタ認知能力が関係し

ている。

　このように「いま」に焦点をあてて学んでいるのか，「未来」を意識して将来のために学んでいるのか，という時間展望的な違いに特徴がある。

　なお，他律的な学習意欲は，いま報酬をもらいたいために学んでいる場合や，有名になるために未来を意識して学んでいる場合などがあり，どちらの志向もあるといえる。

（3）自発的な特徴——深い学びと適応がもたらされる

　自ら学ぶ意欲によって学んでいると，その自発性ゆえに，深い学びが生じ，思考力や創造力も高まり，質的な面を中心に学業成績が向上するという（櫻井, 2009 など参照）。また，学校での適応がよく，精神的にも健康であるとされる。

　例えば，ある研究（Grolnick & Ryan, 1987）によると，教師の目には，①興味・関心があり自発的（とくに内発的）に勉強している子どもと，②他者（おもに親や教師）からの圧力で頑張って勉強している（他律的に勉強している）子どもとは，ほぼ同じように意欲が高くよく勉強しているようにみえるが，勉強をしている理由を分析し，精神的健康（テスト不安の少なさや失敗に対する適切な対処方略の使用）との関連を調べてみると，前者は後者よりも健康であることが判明したという。

⑤　自ら学ぶ意欲とアクティブ・ラーニングの関係

　最近，アクティブ・ラーニング（active learning）ということばをよく耳にするようになった。動機づけの心理学を専門としている筆者は，アクティブ・ラーニングと学習意欲，とくに自ら学ぶ意欲との関係について質問されることが増えている。そこで，本節ではアクティブ・ラーニングの捉え方，両者の関係，さらに留意すべき点などについて触れておきたい。なお，新学習指導要領では，"「アクティブ・ラーニング」の視点"として，「主体的・対話的で深い学び」の実現を強調している。

（1）アクティブ・ラーニングとは

　アクティブ・ラーニングとは，文部科学省の用語集によれば「教員による一方向的な講義形式の教育とは異なり，学修者の能動的な学修への参加を取り入れた教授・学習法の総称。学修者が能動的に学修することによって，認知的・倫理的・社会的能力，教養，知識，経験を含めた汎用的能力の育成を図る。発見学習，問題解決学習，体験学習，調査学習などが含まれるが，教室内でのグループ・ディスカッション，ディベート，グループ・ワークなども有効なアクティブ・ラーニングの方法である」とされる。ここで「学修者」や「学修」という表現がなされているのは，本来，アクティブ・ラーニングは大学生を対象とした用語であるかららしい。

　要約すると，アクティブ・ラーニングとは「教授・学習方法」であり，簡単にいえば，学修者（授業を受ける人）が能動的に学べる教授法あるいは学習法ということになる。また，断っておくが，筆者は 30 年以上，人間の動機づけについて研究をしているが，この用語を論文などでみたことは一度もなかった。筆者の不勉強のせいかもしれないが，同僚にも尋ねてみたが，どうも心理学の専門用語ではないらしい。

（2）これまでの経緯

　大学教育の改善策のひとつとして，2012（平成24）年 8 月の中央教育審議会の答申（いわゆる大学教育の「質的転換」答申）で，アクティブ・ラーニングという用語が用いられたようだ。ディベートなどでは予備知識，すなわち予習（事前準備）が必要であり，アクティブ・ラーニングを取り入れることで，大学生が必然的に勉強をするようになり，さらに自発的・積極的に勉強をするようになることを期待していたようである。

　ただよく考えてみると，大学生は興味・関心のある学部に入学しており，基本的に自ら学ぶ意欲は高く，その意欲をアクティブ・ラーニングによってさらに高め，実り多い学習へとつなげられればよいという考え方ともいえる。また，大学では「演習」という授業形態もあるため，一方

向的な講義だけで終わることはまずないとも思う。一方向的な講義だけではよくありませんよ，ということを大学の教員に向けて発信したのではないかとも考えられる。

　今後，このアクティブ・ラーニング（用語としては「主体的・対話的で深い学び」）は新学習指導要領のもと，小学校，中学校さらには高等学校でも実践されようになる。子どもたちに期待されることは「課題の発見と解決に向けて主体的・対話的に学び」しかもその結果が「深い学び」につながることであるといえる。先生にとっても子どもにとっても，これはけっこう大きな課題になるものと思う。

（3）アクティブ・ラーニングがめざす3つの学びとは

　教育課程企画特別部会「論点整理」によれば，いわゆるアクティブ・ラーニングは3つの学びを促進するものとされている。それらは，①深い学び，②対話的な学び，③主体的な学び，である。これらの学びは，先に紹介した自ら学ぶ意欲によって達成される学びとほぼオーバーラップしており，反対にいえば，（2）の「これまでの経緯」で述べたとおり，自ら学ぶ意欲さえあれば，ほぼ達成される学びといえよう（詳しいことは第6章を参照）。

　簡単に解説すると以下のようになる。深い学びは，おもに知的好奇心に基づく内発的な学習意欲によって生じる。対話的な学びは，おもに協同学習による学びともいいかえることができ，これは自己実現のための学習意欲による向社会的な（人のためになる）学びや，内発的な学習意欲による興味・関心に基づく他者との交流による学びとほぼ同じである。主体的な学びは自ら学ぶ意欲（とくに自己実現のための学習意欲）による学びそのものといえる。

　結局のところ，アクティブ・ラーニングを実現するための源にあるのは自ら学ぶ意欲であり，大まかに捉えるならば，アクティブ・ラーニングは自ら学ぶ意欲に基づく学習行動ということができるように思うが，どうだろうか。

（4）子どもに対するアクティブ・ラーニングで留意すべき点

　基本的に大学生は，自分が得意で，興味・関心のある学部に入って学ぶのであるから，もともと自ら学ぶ意欲が高いといえる。それゆえ，いわゆるアクティブ・ラーニング（という教授・学習法）には適している。しかし，小学生や中学生や高校生は，苦手なあるいは興味・関心がない教科や科目を学ぶことが多いため，自ら学ぶ意欲が喚起されていないことも多い。それゆえ，これまでの捉え方からすれば，アクティブ・ラーニングへ持ち込むには，基本的に自ら学ぶ意欲を喚起させることが必要となる。市川（2008）の「教えて考えさせる授業」の提案は，この捉え方をうまく適用していると思う。この授業では，いわゆる「習得」から「探究」へという流れによって，基礎的・基本的な知識を習得させ，課題に興味や関心をもたせ，そのうえで主体的・対話的な探究によって深い学びをめざすことを基本にしているものと考えられる。

　また，アクティブ・ラーニングによって自ら学ぶ意欲を喚起させることは難しいと思うが，可能であると筆者は考える。上記のような小・中・高校生の学習実態に即して考えるならば，こちらのアプローチのほうが的を射ているともいえる。例えば，クラスでディベートをしたり，グループで密にディスカッションをしたりするうちに，課題そのものに興味・関心をもつこともある（機能的自律：嫌なことでも，やがて理解が進むと楽しくなり，自ら学ぼうとするようになること）だろうし，クラスメイトのためにもっと自分がわかるようになりたいと考え，より意欲的になることもあるだろう。そして徐々に自ら学ぶ意欲が喚起されれば，アクティブ・ラーニングの本来の機能が発揮され，深い学びにつながるものと考えられる。

　なお，本節で言及している自ら学ぶ意欲とは，授業などによって子どもに喚起される状態としての（短期的な）自ら学ぶ意欲が中心である。

第2章 自ら学ぶ意欲のメカニズム

① 動機づけとは

　前章では，動機≒意欲という説明をしたが，ここでは動機（意欲）と関係が深い「動機づけ (motivation)」というプロセスについて，櫻井 (2014, 2017) などを参考に少し詳しく説明したいと思う。というのは，本章では「自ら学ぶ意欲のメカニズム」を理解してもらうことがメインテーマであるが，それには動機づけというプロセスの理解が必要不可欠であるからだ。

　人は，のどが渇けば水や清涼飲料水を飲もうとし，寂しくなれば親や恋人，友人と話をしようとする。このように，ある目標を達成しようと行動するプロセスのことを「動機づけ」という。心理学では「ある行動を引き起こし，その行動を持続させ，一定の方向に導くプロセス」と定義される。この定義で大事なところは「プロセス」という部分である。動機は「ある目標の達成に向けて行動しよう（あるいは行動を続けよう）とする力」（第1章参照）であるが，動機づけは簡単にいえば，動機が実現に向かうプロセスのことである。なお，動機づけというプロセスを理解するためには，欲求 (need: 要求ともいう)，動機，誘因 (incentive)，目標 (goal) といった一連の用語も理解しておく必要がある。

　図2-1は動機づけというプロセスを大まかに図式化したものである。まずここでは，動機づけというプロセスの概略を理解してもらうために，図の左から2番目の要因については欲求を取り上げ，動機づけというプロセスについて説明しよう。

図2-1　動機づけのプロセス（櫻井，2014）

　動機づけというプロセスは通常，環境，記憶，内的状態などの先行要因によって誘発される。こうした刺激がなければ，動機づけの過程は生起しない。先行要因は，個人内要因である欲求，認知，感情に影響を与え，動機が形成される。欲求，認知，感情は行動の理由を説明するとても重要な要因であり，個人外要因である環境と相互に影響し合って動機を形成する（詳しいことは，鹿毛，2013を参照）。

　それでは，欲求を取り上げて説明しよう。欲求とは人や動物の行動を活性化する源と考えられている。あくまでも漠然とした行動の活性化要因であり，「～がほしい」「～がしたい」というような動機の形成によって，はじめて具体的な行動へと導かれる。動機とは，目標を設定し，その目標の達成に向けて行動しよう（あるいは行動を続けよう）とする力（エネルギー）のことである（第1章参照）。目標の設定は，環境に存在する誘因（インセンティブともいう）によって影響される。誘因とは環境にあって人を動機づけようとする刺激（典型的な例としては金銭などの物質的な報酬）である。動機が形成されると具体的な目標達成行動が発生し，目標が達成された場合には満足や報酬を得て，動機づけプロセスはいちおう終了する。一方，目標が達成されなかった場合には，動機が修正され，新たな目標達成行動が発生する。ただし，目標が達成された場合でも，より高次の欲求が活性化されたり，より高い目標が設定されたりして動機づけプロセスが再開されることもある。

（1）欲求の役割を重視した動機づけプロセス

これまでの動機づけプロセスの説明（図2-1参照）では，左から2番目の要因として欲求を取り上げた。以下では，まずこの欲求の役割を重視した動機づけプロセス，つぎに認知の役割を重視した動機づけプロセス，そして最後に感情の役割を重視した動機づけプロセスについて，具体例とともに説明しよう。

それでは，欲求の役割を重視した動機づけプロセスについて説明する。欲求とは既述のとおり，行動を活性化する源のようなものである。欲求は表2-1に示されているように大きく2つに分けられる。ひとつは基本的欲求で，生まれつきもっている欲求である。もうひとつは社会的欲求

表2-1　欲求の分類 (桜井, 2006)

基本的欲求（1次的欲求）： 生まれつきもっている欲求	●生理的欲求[a]：個体が生きるために必要な欲求 　（生理的な基礎があり，ホメオスタシスに規定される） →飢えの欲求，渇きの欲求，排泄の欲求，睡眠（休息）の欲求，呼吸の欲求，適温維持の欲求など
	●種保存欲求[b]：種が保存されるために必要な欲求 　（生理的な基礎がある） →性の欲求，母性の欲求など
	●内発的欲求：よりよく生きるために必要な欲求 　（生理的な基礎がない） →接触欲求，感性欲求（刺激を求める欲求），活動欲求，好奇欲求あるいは好奇心（新奇な刺激を求める欲求），操作・探索欲求，認知欲求（知る欲求）など
社会的欲求（2次的欲求， 派生的欲求）[c]： 社会での学習経験により獲得される欲求	達成欲求 親和欲求 愛情欲求 承認欲求 自己実現の欲求（成長欲求）など

注) a)　生理的欲求と種保存欲求を一緒にして「生物的欲求」とよぶ場合もある。
　　b)　この分類ではこのように命名した。
　　c)　マレー（Murray, 1938）によれば，28の社会的欲求が提案されている。

で，おもに生後の学習経験によって獲得される欲求である。さらに基本的欲求は生理的欲求，種保存欲求，内発的欲求の３つの欲求に分けられる。生理的欲求には，飢え，渇き，排泄，睡眠（休息），適温維持などの欲求が含まれ，これらはどれも人が生きるために不可欠な欲求であり，生理的な基盤をもちホメオスタシス（恒常性維持）に基づくとされる。ホメオスタシスとは，人や動物の内部環境を一定に保つ傾向のことである。人の体内温度は，外気温が高くなれば発汗や末梢血管の拡大によって一定に保たれるという。

　そこで，生理的欲求のひとつである渇きの欲求を例にして，動機づけプロセスを具体的に描いてみよう（図２-１参照）。炎天下の校庭で子どもたちが野球の練習をしている。激しい練習の結果（先行要因としての環境や内部状態），「何か飲みたい」という渇きの欲求が起こる（欲求の発生）。休息用のテントのなかには３種類の飲み物（水，麦茶，スポーツドリンク：誘因）が用意されており，ある子は麦茶を，ある子はスポーツドリンクを飲みたいと思った（動機の形成）。すぐに休憩時間となり，子どもたちはテントのなかに走りこみ，思い思いの飲み物を飲み，のどを潤した（行動と目標の達成）。のどの渇きはおさまり，満足してつぎの練習に励んだ。

　ところで，基本的欲求には生理的欲求のほかに，種保存欲求や内発的欲求もある。前者は生理的基盤（生ホルモンなど）があるが，後者には生理的基盤がないとされる。種保存欲求とは，性の欲求や母性の欲求などで，種の保存に必要な欲求である。内発的欲求は人がよりよく生きるために必要な欲求とされ，好奇欲求あるいは好奇心，操作・探索欲求，認知欲求などが含まれる。

　社会的欲求には多くの下位欲求が含まれる。優れた水準で物事を成し遂げたいという達成欲求，人と仲良くやっていきたいという親和欲求，人と愛し愛される関係になりたいという愛情欲求，人に認められたいという承認欲求，自分の個性を活かし自分らしく生きたいという自己実現の欲求などがよく知られている。これらはいずれも人が充実した社会生活を営むうえで重要な欲求といえる。自己実現の欲求は本書の重要なテーマでもある。

なお，自己実現の欲求が登場したついでに，自己実現の研究で有名なマズロー（Maslow, A. H.）が提唱した，欲求を階層的に捉える「欲求の階層説」について紹介しておきたい。彼は人間の最高の目標は自己実現であると考え，個人が自分のよさを最大限に発揮して生きることの重要性を説き，自己実現にいたる欲求の階層構造を図2-2のように仮定した。この階層構造では，底辺に生理的欲求（基本的欲求）が，頂点に自己実現への欲求（社会的欲求）が位置づけられている。上位の欲求は下位の欲求をほぼ満たすことによって追求が可能になる。食べること，眠ることなどの生理的欲求がほぼ満たされると安全への欲求に進み，安全への欲求がほぼ満たされるとつぎは所属集団や愛情への欲求に進めるのである。このようにしてつぎつぎと欲求は満たされていくものと仮定されている。この階層説は教員採用試験によく出題されるという。いまでも筆者のような"信奉者"が多いということであろうか。

さらに近年，欲求の役割を重視する動機づけ理論として「自己決定理論」が提唱され，注目を浴びている。詳細は第5章（その他に，簡潔な説明として櫻井，2012を参照）で紹介するが，この理論では人がもつ基本的な心理欲求（表2-1の内発的欲求と社会的欲求に属するものと考えられる）として関係性の欲求，有能さへの欲求，自律性の欲求の3つを掲げ，これら

図2-2　マズローによる欲求の階層説（Maslow, 1954；黒田, 2010）

が充足されると人は健康で幸福な人生を送ることができると仮定されている。多くの実証研究がなされており，現在のところとても有力な理論といえよう。次節で紹介する「自ら学ぶ意欲のプロセスモデル」ではこの研究の知見が多く取り入れられている。

（2）認知の役割を重視した動機づけプロセス

生理的欲求や種保存欲求は生理的な基盤が明らかなため，これらの欲求概念に反対する研究者は少ない。一方で，その他の欲求については欲求という概念を用いなくても，行動が生起する理由を説明できるのではないかと考える研究者もいる。ここでは，認知（認識すること）の役割を重視する代表的な理論を 2 つ紹介する。

バーライン（Berlyne, D. E.）という心理学者は，自ら好んで探索したり探究したりする行動（自発的な学習行動）の生起について「認知的葛藤（cognitive conflict）」という概念で説明できると提唱した。人は，既有の知識と適度のズレがある新しい知識に出会うと「あれ，どのように理解したらいいのかな？」という驚きや疑問が生じる。この現象を認知的葛藤とよぶ。こうした驚きや疑問が，ズレを解消するような学習行動を動機づけるという。子どもの世界ではよくみられる現象であり，教育実践での利用可能性も高いと思う。

例をあげて説明しよう（波多野・稲垣，1973）。小学校での理科の授業を思い浮かべてほしい。教師がサルについて説明を始めた。一般的なサルのイメージに合うパスタザルやクモザルのほか，小鳥のように鳴くゴールデンタマリンやフクロウみたいな顔をしたメガネザルなどの一般的なサルとはズレが大きいサルの話もした（先行要因としての環境）。それを聞いていた子どもたちには驚きや疑問が生じ（認知的葛藤の発生），サルとはどのような動物なのかを改めて探究してみたいと考えた（動機の形成）。子どもたちはインターネットや動物図鑑などを使ってサルについて徹底的に調べた（行動）。得られた成果はクラスで発表され，クラスメイトと共有された（目標の達成）。子どもたちの顔は学ぶ喜びで輝いていた。

さらに，バンデューラ（Bandura, A.）という心理学者は「自己効力感（self-efficacy)」という概念を提唱した。自己効力感とは「やれば，できる」という自信である。例をあげて説明しよう。体育の時間に逆上がりの練習をしている子どもを思い浮かべてほしい。教師が逆上がりの仕方について具体的に説明し，クラスメイトは頑張れと励ました。さらに体型が自分に似たクラスメイトが逆上がりに成功した（先行要因としての環境）。こうした状況が，その子を「自分にもできるような気がする」という気持ちに導いた（自己効力の発生）。そして「少し難しくても続けて練習すればできるようになるはずだ，続けてみよう」という動機が生まれ，まだできない友達と一緒に練習を続けた。その結果，2週間後の体育の時間には何とか逆上がりができるようになり（目標の達成），クラスメイトとともに大いに喜んだ。

（3）感情の役割を重視した動機づけプロセス

感情が動機づけプロセスに大きな影響を与えるという理論もある。2つ紹介しよう。

共感（empathy）のなかでも「情動的共感（emotional empathy）」は，援助行動への動機づけプロセスに重要な影響を与える（櫻井ら，2011；植村ら，2008）。共感とは思いやりの気持ちであり，そのなかでも情動的共感は，①テストに失敗して悲しんでいる友達をみて自分も悲しくなる，というように他者の感情と同様の感情を共有することや，②同じように悲しんでいる友達をみてかわいそうに思うというような同情のこと，である。

図2-1に基づいて例をあげ，援助行動が生起するプロセスを説明してみよう。小学5年生の女児が，学校の帰り道，道端でうずくまっている老人を見つけた（先行要因としての環境）。女児はその老人に「どうしましたか」と声をかけた。老人は「息苦しくて動けない」と答えた。女児はとてもかわいそうに思い（情動的共感），老人を助けるためにスマホで救急車をよんだ（動機の形成と援助行動）。救急車が到着するまで，女児は近くを通りかかった大人と一緒に一生懸命その老人を元気づけた（援助行動）。救急車は間もなく到着し，老人は病院に運ばれ，事なきを得た。なお，援助行動が生起するプロセスはかなり複雑であり，現在も多くの研究が行

われている（例えば，村上・中山・西村・櫻井，2017 を参照）。

　また，「テスト不安（test anxiety）」という感情も，学習行動に重要な影響を与える要因である。テスト不安とは，テストでよい点がとれるかどうか，あるいは悪い点をとってしまうのではないかと，不安になることである。例えば，小学6年生のあるクラスで担任教師が「1週間後に算数のテストをするからしっかり準備をしておくように」と言ったとしよう（先行要因としての環境）。ある男児は算数が苦手で，教師のみならず母親からも再三算数の勉強をしっかりするように言われていた。当然，算数のテストに対する不安は高い（状態としてのテスト不安の発生）。その不安を払拭するかのように，今度のテストでは80点をとり母親を喜ばせたいという目標をもち，それを宣言し，そしていつもより頑張った（動機の形成と行動）。頑張りが実り，テストでは85点をとった（目標の達成）。結果を母親に報告したところ，大いにほめられ自分でも満足した。ただ，この例ではテスト不安が適応的に働いているが，テスト不安が高すぎる場合には無気力になり勉強が手につかなくなることもある。対応の仕方にはテスト不安の程度などに応じた配慮が必要である。

② 自ら学ぶ意欲の発現プロセス

　前節では，動機づけというプロセスについて包括的な説明をした。本節では，その知識をベースに，動機づけプロセスにおいて欲求を重視する立場で提唱された「自ら学ぶ意欲のプロセスモデル」（図2-3）について解説したい。このモデルでは，自ら学ぶ意欲（ここでは，おもに状態としての自ら学ぶ意欲：第1章参照）は，どのような要因によって生じ，どのような学習行動となって現われるのか，そしてその学習行動の結果は自ら学ぶ意欲にどのようにフィードバックされるのか，さらにそうしたプロセスはどのように調整されるのか，といった多くの問いに対して直接的な回答を示してくれる。

　以後のモデルの説明では，小学校高学年以上の子ども（「メタ認知」がほぼ可能な子ども）を対象とし，おもに小中学校での授業（学習）場面を想定

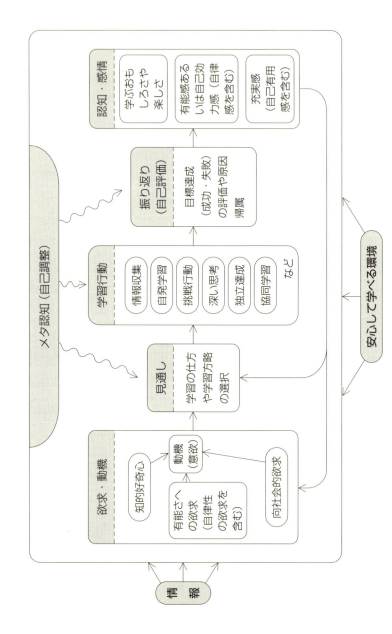

図2-3 自ら学ぶ意欲のプロセスモデル

する。図中にはなじみのない用語が登場するが、まずその筆頭と思われるメタ認知 (metacognition) について説明しておきたい。このような学習場面におけるメタ認知とは、自分の学習状態を自分の外側から (一段高いところから) みて、その状態を理解したり調整したりする働きや能力のことである。自己調整 (self-regulation) あるいは自己調整能力といってもよい。

また、モデルの本格的な説明に入る前に、モデルの特徴について一言、触れておきたい。このモデルは筆者が以前に提唱したモデル (櫻井, 2010) よりもかなり複雑になっている。それは、おもに自己調整学習 (self-regulated learning) についての研究成果を取り入れ、内発的な学習意欲とともに、自己実現のための学習意欲に基づく動機づけのプロセスを説明しようとしたからである。換言すれば、従来のモデル (櫻井, 2010) は内発的な学習意欲が中心であったが、今回のモデルは内発的な学習意欲をベースにしながらも、自己実現のための学習意欲を中心に置いたモデルといえる。このような特徴があることにご留意いただきたい。ちなみに、自己調整学習とは、ジマーマン (Zimmerman, 1989) によれば「学習者が、メタ認知、動機づけ、行動において、自分自身の学習プロセスに能動的に関与している学習」のことである。自己調整学習については第5章で改めて説明したい。

それでは、前置きが終わったので、モデルの説明に入ろう。図2-3では、子どもの自ら学ぶ意欲が発現するプロセスを図の中心の四角のなか (欲求・動機→学習行動→認知・感情) に、そのプロセスに影響する重要な3つの要因を、四角の内側の上方 (メタ認知 [自己調整能力])、四角の外の左横 (情報)、そして四角の外の下側 (安心して学べる環境) に示している。

（1）安心して学べる環境と情報とメタ認知（自己調整）

自ら学ぶプロセスが順当に生起するには、「安心して学べる環境」と「情報」と「メタ認知」が必要である。安心して学べる環境とは、おもに物理的に安全な環境 (例えば、適度な温度と湿度があり、危険がなく、落ち着いて学べるような教室) と対人的に安心な環境 (例えば、サポートしてくれる

教師やクラスメイトがいる教室）のことである。こうした環境が整えば，あるいは子ども自身が形成できれば，子どもは学習に集中することができる。

　情報とは，授業場面を想定しているので，おもに授業や子どもがもっている知識，それに教師やクラスメイトが与えてくれるその他の情報（教えてくれること，ほめてくれること，しかってくれることなど）のことである。こうした情報がなければ，欲求は刺激されず，動機（意欲）も形成されないであろう。

　メタ認知（自己調整）とは，既述のとおり，自分の学習状態を自分の外側からみて，理解したり調整したりする働きや能力のことである。この働きあるいは能力があるからこそ，子どもは学習のプロセスを上手にコントロールして，よりよい成果をあげることができる。メタ認知はこのようにとても大事な働きを担うため，このモデル（とくに自己実現のための学習意欲のモデルとして）は，メタ認知が可能な子ども（小学校高学年以上の子ども）でないと適用できないともいえる。

　まとめると，メタ認知が可能な子どもが，安心して学べる環境（教室）にあり，教師による授業や教師・クラスメイトが適宜もたらす情報などがあることによって，自ら学ぶこと（とくに自己実現をめざして自律的に学ぶこと）ができるのである。

（2）欲求・動機

　授業（おもに導入部分）による情報や子どもがすでにもっている知識などによって，子どもの知的好奇心や，もっとわかるようになりたい・学びたいという有能さへの欲求が喚起されて，積極的に学びたいという気持ち（動機：自ら学ぶ意欲）が生じるであろう。有能さの欲求には，自律的であることによる高次の有能さ（他律的な場面で成し遂げられたことによる有能さよりも高次の有能さ）を求める欲求も含まれる。例えば，親や教師に指示されて取り組んだ試験勉強により好成績をとることよりも，自分から進んで試験のための勉強を計画し，それをしっかり実行して好成績をとることのほうが，有能さはより高く評価されるであろう。それゆえ，

自律性を伴った有能さを求める欲求のほうが有能さという点においては高次な欲求であると考えられる。

　また，授業の内容や形態（グループ学習など）によっては，向社会的欲求（他者のためになることをしたいという欲求）が喚起され，容易には理解が難しそうなクラスメイトを援助するために積極的に学びたいという気持ち（動機：自ら学ぶ意欲）も生じるであろう。さらに，日々の授業などによって向社会的欲求が喚起され，他者や社会のためになることをしたい，という思いが強くなると，自分の得意なもの（同時に興味・関心が強いもの）を核にして将来の目標（どんな仕事につきたいのか）が形成され，その達成のために現在の勉強を頑張るという動機も生じるようになるであろう（第1章参照）。後者のほうは，長期的な将来目標を設定して，それに基づき現在の短期的あるいは直近の目標を設定する，という将来展望に基づく動機形成のあり方を示している。第1章でも紹介したとおり，この過程は自己実現のための学習意欲の形成とその実現という意味では，とても大事な過程であると思う。

（3）学習行動

　動機（自ら学ぶ意欲）が形成されると，それに基づいて学習行動が生起するが，自ら学ぶ意欲のなかでもとくに自己実現のための学習意欲の場合には，教師による強い指示がない限りは，後述するような多様な学習行動のなかで，どのような学習行動をするのか，どのような順序でそれをするのか，どのような方法（ディベートやグループディスカッションなど）でするのか，そしてどのようなまとめ方をするのか，などの「見通し」（図2-3参照）をもつことが必要である。見通しをもつには，先に紹介したメタ認知が大いに関係する。さらに，学習行動の途中であっても，メタ認知によって，学習行動がモニタリングされ，学習方略（learning strategy）の見直しや微調整も行われる。なお，学習方略とは，学習を効果的に進めるために使用する認知的な方略や情意的な方略のことである。認知的方略としては理解が進むように関係づけて学ぶ方略が，情意的方略では学習意欲が湧かないときにスポーツなどで気晴らしをして学習意欲を喚

起させる方略がある。

　学習行動としては，授業の内容の理解や記憶をはじめ，図2−3に例示されているような特徴的な学習行動が生じる。具体的にいえば，①自分で課題に関連する情報を集める情報収集，②課題解決に時間を要するような場合には計画を立て取り組もうとする自発学習，③解決が難しいと思われる課題にも果敢に挑戦しようとする挑戦行動，④深い理解や新たな発見をもたらすような深い思考，⑤潜在的な能力（才能）を十分に発揮して課題を解決しようとする独立達成，⑥クラスメイトと協力して課題を解決しようとする協同学習，さらにはアクティブ・ラーニング（第1章参照）もこうした学習行動のひとつに位置づけられるであろう。これらの学習行動は授業場面に特化したものではなく，授業前の予習の時間，授業が終了した後の復習の時間，さらにはまったく自由な時間にも起こる（自発的に起こる）ことが多い。むしろそれゆえに，こうした学習行動は自ら学ぶ意欲（自律的な学習意欲）に支えられた学習行動といえるのである。

（4）認知・感情

　授業が終わり，授業の内容について一定の理解がなされた場合や課題の解決に成功した場合（目標が一応達成された場合）などには，学ぶことのおもしろさや楽しさ，有能感が生じることになる。また，後述するような場合には充実感も生じるであろう。

　ただ，このような認知や感情が生じるためには，授業内容の理解や課題の遂行（結果）に対して，一定の基準に基づき「振り返り（自己評価）」を行うこと（図2−3参照）が必要である。この振り返り（自己評価）によって達成（あるいは成功）と判断されれば，有能感や学ぶことのおもしろさ・楽しさが生じるであろう。ただし，学ぶことのおもしろさや楽しさは，課題遂行が成功裏に終わらなくでも感じることができる。それは，学ぶことのおもしろさや楽しさは，課題遂行の過程でも感じられることが多いからだ。欲求・動機との関連でいえば，おもに知的好奇心（内発的な学習意欲）によって生じた学習行動では，失敗しても学ぶことのおもしろさや楽しさは感じられるといえよう。また，成功・失敗という結果が自分に

とって重要な結果である場合（例えば，その結果によって一学期の成績が決定されるというような場合）には，原因帰属が起こるとされる。原因帰属とは，成功・失敗の原因を何かに求めることをいう。例えば，失敗の原因を努力不足に求める（失敗の原因を努力不足に帰属する）と，つぎの同様の機会には，もっと努力すればできるようになると思えるため，有能感やそれに基づく意欲は低下せずにすむであろう。一方，失敗の原因を能力不足に帰属すると，能力はそんなに変わるものではないため，つぎの同じような機会でも失敗することが予想され，失敗のショックとともに，さらなる無能感を味わうことになり，意欲も低下することになるであろう。

さらに，授業中にクラスメイトの学習行動を支援したり，授業後にクラスメイトに授業内容を質問され的確に教えてあげたりすることができた場合には，向社会的欲求に対応した充実感（自己有用感）を感じることができるであろう。また，人生（将来）目標の達成に近づいたような場合（例えば，理科の教師になりたいという人生〈将来〉目標をもっていて，現在の理科の学習では○○を理解しておきたい，という直近の目標を立てて授業に臨み，それが達成された場合）にも，充実感を得ることができると思う。

そして，結果としての認知・感情（おもしろさや楽しさ，有能感，充実感）は欲求・動機にフィードバックされ，後続の授業などでさらに自ら学ぶことを促すことになる。また，学習行動がうまく終了しない（授業でよく理解できないなどの）場合には，動機が修正されたり（少しやさしい水準での達成をめざすなど），見通しを修正して学習方略が変更されたりして，より適切な学習行動が実行されることもある。自ら学んでいる（自律的に学んでいる）からこそ，動機や学習方略の修正が起こったり，それに基づく適切な学習行動が展開されたりするのである。いうまでもなく，こうした対応にはメタ認知（自己調整）が強く関与している。

③ 自ら学ぶ意欲のプロセスモデルに関する実証的な検討

ここでは，前節で紹介した「自ら学ぶ意欲のプロセスモデル」が，統計学的に妥当なモデルであるかどうかを検討した結果（櫻井，2009）につい

て簡単に紹介する。こうした研究では，厳密な統計的な処理がなされているが，ここではそうした処理には深入りせず，結果のエッセンスだけを示したいと思う。

なお，今回採用しているモデル（図2-4）は，最新のモデル（図2-3）の一部であり，前項で説明したとおり，内発的な学習意欲の発現プロセスに近いモデルであるといえる。さらに，図2-3あるいは図2-4のモデルは状態的な学習意欲の発現プロセスと特性的な学習意欲の発現プロセスのいずれにも対応できるモデルであるが，ここでは，特性的な学習意欲（安定した個人差としての学習意欲）の発現プロセスについて検討している。特性的な学習意欲の発現プロセスのモデルは，質問紙法による検討が比較的容易である。特性的な学習意欲という意味で図2-4の一部を解釈すると，知的好奇心の高い子どもは低い子どもよりも，情報収集や深い思考が多く，その結果，学ぶことに対するおもしろさや楽しさも多く感じられる，ということになる。より詳しい内容をお知りになりたい方は櫻井（2009）を参照してほしい。

繰り返しになるが，本研究で想定されたモデルは図2-4である。調査対象者は，茨城県の公立小学校および中学校の，小学4年生から中学2

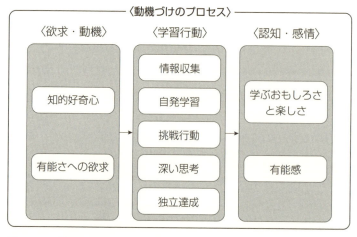

図2-4　検証に用いられたモデル

年生までの819名（小学生400名，中学生419名）。小学校と中学校は隣接しており，住環境はほぼ同じといえる。

まず，図2-4に示されている9つの要因に関して，それらを測定する質問項目を作成した（表2-2参照）。選択肢は「はい」「どちらかといえばはい」「どちらともいえない」「どちらかといえばいいえ」「いいえ」の5つであり，この選択肢で自己評定をしてもらった。項目得点は，その項目内容が当該要因に合致するほど高得点になるように，1～5点を与えた。さらに，妥当性（測定したいものをしっかり測定しているという証拠）の検討のために，小学校の教師に，子どもの「自ら学ぶ意欲」の程度について評定した資料を提供してもらった。質問項目は冊子（無記名方式）にして，基本的に担任の教師によって実施された。

統計的な分析を行い，図2-4の各要因を測定する項目を決定した。表2-2には最終的に採用された項目の例が示されている。各要因の名前と項目内容を確認してほしい。注意してもらいたいことが2つある。1つめは知的好奇心の項目である。「学校で教えてくれること以外でも，いろいろなことを学びたい」と「興味のあることはどんなことでも学びたい」という項目は拡散的好奇心を測定し，「疑問に思うことは，わかるまで調べたい」と「よくわからないことは，わかるまで調べたい」という項目は特殊的好奇心を測定するものと考えられる。前者は課題生成的で，広く情報を集めようとする好奇心であり，後者は課題解決的で，ある課題を解くために深く情報を集めようとする好奇心である。この2つの好奇心で知的好奇心という要因（欲求）は構成されている。この2つの好奇心は分離しなかった。

2つめは，有能さへの欲求の項目である。「もっとかしこくなりたい」という典型的な有能さの欲求を測定する項目と「人の役に立てるようなりっぱな人間になりたい」というような向社会的な有能さを求める欲求を測定する項目も入っている。そのほかの項目をみてもわかるが，有能さへの欲求は多様であるといえる。

各要因の項目平均（各項目の得点を足し上げて，項目数で割った平均値：3点が中央の値となる）を計算すると，3.5点以上なのが，知的好奇心（3.66）

32

表2-2　児童生徒の自ら学ぶ意欲を測定する項目例

欲求・動機

●知的好奇心

1　疑問に思うことは，わかるまで調べたい。

2　よくわからないことは，わかるまで調べたい。

3　学校で教えてくれること以外でも，いろいろなことを学びたい。

4　興味のあることはどんなことでも学びたい。

●有能さへの欲求

5　友だちからたよられるようなりっぱな人間になりたい。

6　人の役に立てるようなりっぱな人間になりたい。

7　自分がもっている能力をじゅうぶんにはっきしたい。

8　もっとかしこくなりたい。

学習行動

●情報収集

1　疑問に思うことがあるとなっとくいくまで調べる。

2　興味のあることは調べずにはいられない。

●挑戦行動

5　むずかしい問題にであうとよりやる気がでる。

6　今までよりもむずかしい問題にとりくむことが多い。

●自発学習

3　自分から勉強にとりくんでいる。

4　テストがあれば，自分で計画をたてて勉強する。

●深い思考

7　問題のとき方はいくつか考えることにしている。

8　先生が教えてくれたことでも，ほんとうにそれでよいのか考えてみる。

●独立達成

9　授業中わからないことがあっても，自分でじっくり考えてからでないと先生には質問しない。

10　むずかしい問題にであっても，かんたんには先生や友だちの助けは求めない。

認知・感情

●おもしろさと楽しさ

1　学ぶことは楽しいと思う。

2　学ぶことはおもしろいと思う。

3　学ぶことが好きだ。

4　失敗しても学ぶことはおもしろい。

●有能感

5　クラスの中ではよくできるほうである。

6　勉強はよくできると思う。

7　勉強面では友だちからたよられていると思う。

8　むずかしいといわれる問題でもとける自信がある。

と有能さへの欲求(4.19)であった。反対にもっとも低かったのは有能感で2.55であった。調査に協力してくれた子どもたちは，有能さへの欲求は高いが，有能感は低いといえよう。これは調査に協力してくれた子どもたちだけにみられる結果ではないように思う。現在の子どもたちにとって，学ぶことに対して有能感をもつことは難しいようである。競争意識は高いがなかなかトップになれない，有能さへの欲求が高いため比較的よい成績をとってもよいとは思えない，などの原因が考えられるが，はっきりしたことはわかっていない。また，筆者としては，内発的な学習意欲の源である知的好奇心が高いことはとても好ましいことであると思う。学習行動の各要因の平均は3点前後であり，ごく普通であるといえる。

つぎに，教師による子どもの「自ら学ぶ意欲」の評定値と各要因との関係をみたところ，いずれの要因ともプラスの関係（ここでは，おもに自ら学ぶ意欲が高いほど学習行動も多いという関係）がみられた。妥当な結果と考えられる。

本題の要因間の関係についての分析では，分析の制約上，中学生だけを対象にした。その結果は図2-5に示されている。図中の数字の大きさ

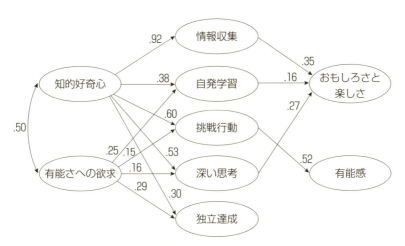

図2-5　分析の結果（共分散構造分析による）

は影響の強さを示す。この結果を要約すると，知的好奇心は学習行動の
いずれの要因にもプラスに影響し，有能さへの欲求は情報収集を除くす
べての要因に同じくプラスに影響している。情報収集は知的好奇心によ
る典型的な学習行動である，というこれまでの考え方を支持していると
思う。学習行動では，情報収集と自発学習と深い思考が，学ぶおもしろ
さと楽しさにプラスに影響し，挑戦行動が有能感にプラスに影響してい
る。前者の結果は，知的好奇心に基づく一連の流れと捉えると納得でき
る結果である。後者の結果は，有能さへの欲求→挑戦行動→有能感とい
う関係で捉えると納得できるが，一方で，有能さへの欲求→独立達成→
有能感という流れもあってしかるべきではないかとも考えられる。

　図2-5の結果は，自ら学ぶ意欲のプロセスモデルの一部をかなり強く
支持する結果となった。今後は図2-3のモデルの実証や教育現場（授業
場面）での状態的なモデルとしての検討などを行う必要があろう。

第3章 自ら学ぶ意欲と発達

① 発達とは

　子どもが生まれ1歳前後になると，ことば（初語）を話し始めたり，立って歩き始めたり（二足歩行）する。それがほぼ順調な発達だといわれる。息子の場合は，話すことは早かったが，歩くことは遅く，同時期に生まれたほかのお子さんと比べて，一喜一憂したことを懐かく思い出す。いま振り返ってみれば，そんなに心配する必要はなかったのであるが，はじめての子育てとはそんなものであろうか。発達心理学者としては少々恥ずかしい話である。

　本節では，自ら学ぶ意欲の発達について説明する前に，こうした「発達」という現象そのものについて，櫻井（2010）などを参考に説明したいと思う。

（1）発達の捉え方

　発達（development）とは，出生から（あるいは，精子と卵子が受精してから）死亡までの，からだやこころの構造・機能に生じる連続的な変化のことをいう。例えば，赤ちゃんがアイコンタクトができるようになる，中学生が抽象的な思考ができるようになる，高齢になって物忘れの回数が増える，といった変化である。従来は成人へと向かう上昇的な変化（成長ということも多い）だけを発達とよんでいたが，近年は"出生から死亡まで"（生涯）という期間を重視し，成人から老人へと向かうどちらかといえば下降的な変化も含めて発達とよぶ。それゆえ，人生前半の発達は，徐々

に成長していくポジティブなイメージであるのに対して，人生後半の発達は死に向かって衰えていくネガティブなイメージになりやすい。

しかし，人生後半の老年期（図3-1参照）にも，人生経験を活かして深みのある文章が書けるようになったり，他者の気持ちを十分に配慮した温かい対応ができるようになったりと，ネガティブな発達ばかりではなくポジティブな発達もみられることも事実である。また，知恵あるい

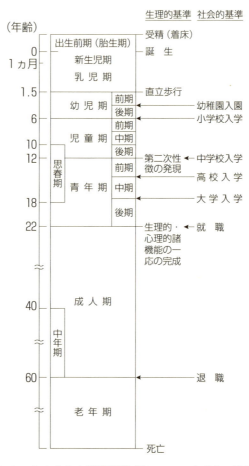

図3-1　おおまかな発達段階（富田，2001を著者一部改変）

は英知（wisdom）は，人生後半の老年期にとくに発揮されるものであると考えられている。

これらのことを支持するように，知能（intelligence）の研究では2種類の知能が知られており（図3-2参照），25歳頃をピークにして年齢の増加とともに下降していく「流動性知能」と，25歳を過ぎてもその状態が維持される「結晶性知能」がある。流動性知能とは，問題解決，計算，推理，記憶といった人の情報処理に関わる知能であり，結晶性知能とは，語彙の豊かさや一般的知識，社会的スキル（あるいは社会的知能）といった獲得された知識や技能に関わる知能である。後者はいわゆる経験がものをいう知能であり，先の知恵や英知と軌を一にしているといえる。

ところで，こうした発達現象を解明する心理学を「発達心理学（developmental psychology）」という。出生から死亡までという点を強調する場合には「生涯発達心理学（life-span developmental psychology）」ということもある。もちろん，発達心理学で扱うのは主としてこころの発達である。生涯発達心理学の詳しい内容は，櫻井・佐藤（2013）などを参照してもらいたい。手前味噌であるが，この本はよく書けていると思う。

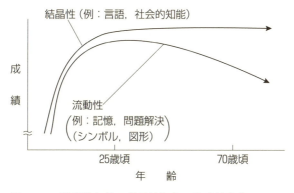

図3-2　流動性知能と結晶性知能の発達的変化
（Baltes, 1987；黒田, 2013）

（2）発達段階

　図 3 - 1 に示したものは，人間の大まかな「発達段階」である。発達が連続的な変化であることはすでに説明したが，80〜90 年にも及ぶ人間の一生を眺めると，その発達過程はある基準によって質的に異なる段階として分けることができる。そうして分けられたものを「発達段階（developmental stage）」という。全体としての人間の一生（発達）を大まかな段階に分けることもできるし，ある特定領域の発達（例えば，知的な発達や社会性の発達）を段階に分けることもできる。

　図 3 - 1 に示した発達段階は前者の例であり，もっともポピュラーなものである。生理的な基準と社会的基準の両方によって，人間の一生を段階に分けている。その結果，人間の一生は，胎生期（受精から出生まで），新生児期（出生から生後 1 ヶ月くらいまで），乳児期（通常は新生児期を含み，出生から生後 1 年半くらいまで），幼児期（生後 1 年半くらいから小学校入学前まで），児童期（小学生の時代），青年期（中学生，高校生，大学生の時代），成人期（就職から退職まで），老年期（退職から死亡まで）などに分けられる。これらの段階名とそれに対応する時期は覚えておくと便利である。

　また，精神分析学で有名なフロイト（Freud, S.）が提唱した「心理・性的発達理論」や，フロイトの弟子であるエリクソン（Erikson, E. H.）が提唱した「心理・社会的発達理論」，さらに“知の巨人”といわれるピアジェ（Piaget, J.）が提唱した思考の発達段階などは，後者の例である。これらの詳しい内容については櫻井・佐藤（2013）などを参照してほしい。ここでは，自ら学ぶ意欲の発達と関連が深いエリクソンの心理・社会的発達理論について，桜井（1992）を参考に紹介しよう。

　エリクソンは，フロイトの弟子で精神分析学の継承者であるが，フロイトのように性的な部分には重きを置かず，自我（主体としての自分）の現実指向性や統合性といった社会的な側面を重視した。彼の性格（自我）についての発達理論はその意味で「心理・社会的発達理論」とよばれる。彼は人生を 8 つの段階に分けて，各時期に重要な発達課題（「心理・社会的危機」を乗り越えること）を設定している（表 3 - 1 参照）。それらは以下のと

第3章　自ら学ぶ意欲と発達　　*39*

表3-1　エリクソンの心理社会的発達段階
　　　　（古賀・鈴木，1995 と西平，1979 をもとに著者作成）

発達段階	心理社会的危機			自我の力
乳児期	基本的信頼感	対	基本的不信感	希望
幼児期前期	自立性	対	恥と疑惑	意思力
幼児期後期	自発性	対	罪悪感	目的意識
児童期	勤勉性	対	劣等感	有能感
青年期	自我同一性の確立	対	自我同一性の拡散	忠誠心
成人期前期	親密性	対	孤独感	愛の能力
成人期後期	生殖性	対	停滞	世話
老年期	自我の統合	対	絶望感	英知

おりである。

A　乳児期（基本的信頼感　対　基本的不信感）

この時期は母親（主たる養育者）に対する基本的信頼感，別の用語でいえば安定したアタッチメント（愛着）を形成する時期である。基本的信頼感は人に対する信頼感の基礎であり，社会性の発達にもつながる。さらに母親をモデルとした観察学習（モデリング）によって，多様な行動を学習する前提にもなる。もしこれがうまく形成されないと，不信感が形成されてしまう。フロイトの口唇期に対応する。

B　幼児期前期（自立性　対　恥と疑惑）

この時期は自分の行動を社会的慣習に合わせてコントロールすることを学び，身辺生活における自立を獲得する時期である。これはとくに排泄のコントロールを通して達成されるが，親による排泄の訓練が厳しすぎたり，一貫性がなかったりすると，子どもはコントロールに失敗し，恥や疑惑の感情をもつことになる。フロイトの肛門期に対応する。

C 幼児期後期 (自発性 対 罪悪感)

この時期は歩行の完成とともに自発的な探索活動が頻繁にみられる時期である。好奇心が旺盛で，思いやりの心も芽生えてくる。こうしたなかで，自分の行動が周囲の人に認められれば，主体性・積極性・自発性などが獲得されるが，そのような機会が与えられなかったり，無視されたりすると罪悪感が形成されてしまう。フロイトの男根期に対応する。

D 児童期 (勤勉性 対 劣等感)

この時期は，体系的な学校教育が始まり，知識や技能 (スキル) を身につけていく時期である。また，仲間との関係を通して，対人スキル，道徳性，性役割なども習得する時期である。このような課題が順調に達成されれば勤勉性 (自信) が獲得されるが，失敗すると劣等感が形成されてしまう。フロイトの潜伏期に対応する。

E 青年期 (自我同一性の確立 対 自我同一性の拡散)

この時期は，エリクソンの発達理論のなかでもっとも有名な時期である。身体的に急激な変化を経験し (二次性徴)，自分についての定義，すなわち自分はどんな人間で，将来はどのように生きていきたいのか (自我同一性：ego identity；最近は自己同一性ということもある) が問われる。これについて一定の回答が得られれば，自我同一性は一時的に確立されたことになるが，失敗すると自我同一性の混乱あるいは拡散を招くことになる。ただ，自我同一性はこの時期の後も随時検討され，新たな確立 (更新) がなされる。

F 成人期前期 (親密性 対 孤独感)

この時期は自我同一性をほぼ確立した大人同士が，お互いに他者を認め，調和的に生きることを進んで行えるようになる時期である。このような課題が達成されると親密性や連帯感が獲得され，失敗すると他者との関係が損なわれ，孤立し，孤独感にさいなまれることになる。

G　成人期後期（生殖性 対 停滞）

　この時期は，成熟した大人の義務としてつぎの世代を生むこと，そして社会を発展させていくことが求められる時期である。このことを自覚してうまく遂行できれば生殖性が確立されるが，失敗すると自己の停滞を招くことになる。

H　老年期（自我の統合 対 絶望感）

　この時期は，それまでの7つの時期を経た自分の人生を受容し，自らの老い（最終的には死ぬこと）を肯定的に受け入れる時期である。このような思いにうまく到達できると自我が統合されたという完全性を獲得できるが，うまく到達できないと絶望感に陥ってしまう。

　なお，エリクソンが活躍したのは20世紀半ばのことであり，いまとはものの考え方や社会のあり方がかなり異なっていた。それゆえ，この理論のなかには現在では受け入れらない点もあると思う。それでも，納得できる点が多いと感じるのは，この理論の先見性や普遍性によるものと想像される。

（3）発達を規定するもの──遺伝と環境

　発達は，成熟（maturation）と学習（learning）によって規定される（櫻井，2010）。成熟とは遺伝の影響を強く受けるもの，学習とは環境の影響を強く受けるものである。それゆえ，「成熟と学習」は「遺伝と環境」といいかえることもできる。

　具体的に説明すると，成熟は，環境の良し悪しにほとんど関係なく，遺伝的に親から受け継がれたものが時間の経過とともに外に現われることである。例えば，背の高さは遺伝に強く規定されており，一般に親の身長が高ければ，子どもの身長も高くなる。日本人の場合，栄養状態のよい現在のほうが栄養状態の悪い50年前よりも，同じ年齢の平均身長は高くなっている。したがって，同じ年齢で比べれば，親よりも子どもの

ほうが身長が高いケースが多い。その意味では背の高さにも環境（とくに栄養状態）の影響はあるといえよう。しかし，50年前に生まれた親がその世代のなかで背が高ければ，その子どもも，子どもの世代のなかで背が高い傾向がある。このような意味で，背の高さは成熟による影響が強い例といえる。

一方，学習とは，経験の結果によって生じる比較的永続的な変化のことである。ことばの獲得は，成熟よりは学習に追うところが大きいといわれる。幼い頃の言語環境が悪かった場合，すなわち母親が子どもにあまり話しかけなかったり，子どもの話をゆっくり聞けなかったりした場合には，子どものことばの発達は遅れることが多い。

ところで，昔から発達がどのような要因によって，どのように規定されているか，が議論されてきた。遺伝（成熟）が重要と考える「遺伝説」，環境（学習）が重要と考える「環境説」，遺伝と環境の双方がともに重要と考える「輻輳説」や「相互作用説 (interactionism)」が提唱された。輻輳説は遺伝と環境の影響を加算的に考え，相互作用説はそれらの影響を相乗的に考える点が異なっている。現在は，遺伝と環境の影響を相乗的に捉える相互作用説，すなわち遺伝要因は環境要因によって刺激され外に現われ，その現われによって周囲の環境が変化し，さらに遺伝要因が外に現われやすくなるというような考え方が有力である。

相互作用説によれば，作曲家モーツァルトの偉業は，音楽に関する優れた才能（遺伝要因）が父親による厳しい訓練など（環境要因）で優れた演奏や作品となって外に現われ，それらが世の人たちに認められ（環境要因），その才能がさらに開花する機会（演奏会や作曲の依頼）が与えられた結果，より素晴らしい演奏や作品が生まれた，と捉えることができよう。このように，発達はダイナミックなプロセスと考えられている。

また，生涯発達を考慮して，遺伝と環境要因が発達にもたらす影響を，より具体的な視点から検討した研究もある。図3-3をご覧いただきたい。横軸が発達段階，縦軸が影響要因の相対的な程度を表している。大川 (2010) によれば，「年齢に標準的な影響要因」とは，生活年齢と非常に強い関係があり，その年齢段階にあるほとんどすべての人が経験するも

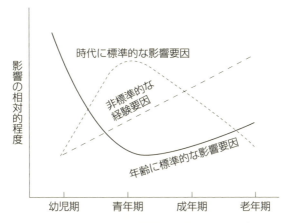

図3-3 各要因が発達に影響する程度（モデル）
(Baltes et al., 1980；大川, 2010)

のであるという。例えば，身体的な成熟（遺伝的要因）や義務教育（環境的要因）が代表的なものである。「時代に標準的な影響要因」とは，ある特定の時代に生きているほとんどの人が同じように経験するものであり，戦争，インフレ，流行（おもに環境的要因）などがその例である。「非標準的な経験要因」とは，誰もが経験するわけではないが，経験した場合にはその時期や有り様が個人によって大きく異なるものであり，例えば，受験，失恋，結婚，出産，転職，事故，疾病，入院，近親者の死（おもに環境的要因）などが含まれる。

　バルテスら（Baltes et al., 1980）によると，図3-3のように，発達に及ぼす影響は各発達段階で異なるという。年齢に標準的な影響要因は出生時を頂点にして幼児期でもっとも大きく影響し，成長とともにその影響力は小さくなるが，高齢になると再び大きく影響するようになる。そして青年期は多感な時期であり，「時代の波」に敏感であり，時代に標準的な影響要因の影響を受けやすいという。個人差の大きくなる老年期においては，非標準的な（すなわち個人的な）経験要因の影響を強く受けることになる。環境といっても，時代的な背景をもつ環境（戦争や流行など）や個人的な経験（失恋や転職など）などに分けて，発達にもたらす影響を検討す

る視点はとても重要であり，発達の理解に大いに役立つものと考えられる。これまでの発達心理学では，こうした戦争や流行，失恋や転職などの影響はほとんど考慮してこなかったように思う。

（4）双生児研究の成果

人の心理や行動に及ぼす遺伝と環境の影響を科学的に分析する方法として，双生児研究法（twin study）が発展している。ここでは，市原（2010）に基づき，パーソナリティを取り上げてこの成果を説明したいと思う。

多数の一卵性双生児のペアと多数の二卵性双生児のペアに対して，パーソナリティ検査を実施し，一卵性双生児と二卵性双生児の平均的なパーソナリティの類似度を比較することで，パーソナリティ形成における遺伝と環境の影響を切り離して捉えることができる。

一卵性双生児は互いに完全に一致した遺伝子をもつのに対して，二卵性双生児は遺伝的には通常のきょうだいと同じであり，平均すると一卵性双生児の半分程度しか遺伝子を共有していない。このことから，一卵性双生児ペアの類似度，二卵性双生児ペアの類似度に対する遺伝的影響，共有環境（家庭環境や親戚との付き合いなどで2人が共有している環境）の影響，さらには非共有環境（学校，遊び仲間，恋人など，それぞれの者が独自に関わっている環境）の影響を分析できる。構造方程式モデリングという統計手法の開発によって，このような分析が可能になったが，こうした学問分野は「行動遺伝学」とよばれている。

そうした成果の一部（安藤，2000）が，表3-2と図3-4に示されている。表3-2によると，指紋隆線数（ある一定区間に指紋の線が何本あるか）はほぼ完璧に遺伝の影響を受けていること（遺伝率が92%），それに対して身長は遺伝率が66%であり，環境の影響もそれなりにあることがわかる。さらに，よく話題になる知能の遺伝率は52%と予想よりかなり高い値を示しているように思う。学業成績になると，遺伝率が38%，共有ならびに非共有環境の影響がそれぞれ31%と，環境の影響が大きいことがわかる。外向性というパーソナリティ特性は遺伝率が49%，非共有環境の影響も49%と，遺伝と環境の影響は五分五分といったところである。

表3-2 身体的・心理的形質の遺伝率と,共有環境と非共有環境の影響(安藤,2000)

	遺伝率	共有環境	非共有環境
指紋隆線数	0.92	0.03	0.05
身長	0.66	0.24	0.10
体重	0.74	0.06	0.20
知能	0.52	0.34	0.14
宗教性	0.10	0.62	0.28
学業成績	0.38	0.31	0.31
創造性	0.22	0.39	0.39
外向性	0.49	0.02	0.49
職業興味	0.48	0.01	0.51
神経質	0.41	0.07	0.52

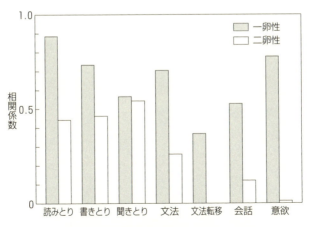

図3-4 学習意欲の卵性別相関係数(安藤,2000)

本書で取り上げている学習意欲については図3-4をみてほしい。これは英語学習に関する研究において，多様な側面について一卵性双生児間および二卵性双生児間の相関係数（2者の間の関係の強さを表す指標）の大きさを示した図である。学習意欲についてみると，一卵性双生児間のそれは.80程度，二卵性双生児間のそれは0に近く，このデータからは学習意欲もかなり遺伝の影響が強いことがわかる。

なお，上記のような遺伝と環境の影響の説明は，集団における遺伝や環境の規定率を問題にしており，個々人の親からの遺伝や環境の影響を問題にしているわけではない，とされる。詳しい説明が必要な方は，比較的手軽に入手できる概説書（例えば，安藤，2000，2012）をお読みいただきたい。

② 自ら学ぶ意欲の発達

発達に関する基礎的・基本的な説明（前節）がやや長くなったが，これらは「自ら学ぶ意欲の発達」の説明に欠かせないものであるため，よく理解してから本節の説明をお読みいただきたい。

本節では，自ら学ぶ意欲の発達的な特徴と，各発達段階における自ら学ぶ意欲の有り様について取り上げる。幼児期から青年期までの発達期において，自ら学ぶ意欲は劇的な変化を遂げる。ただ，ここでの説明は理論的なものになっているため，現実との間には多少のズレがあるかもしれない。こうした点についてはおもに第7章で，具体的な調査結果とその対応策を提案することにしたい。

（1）発達の特徴

自ら学ぶ意欲の発達的な特徴については，第1章で取り上げている。それを要約すれば，①幼児期と児童期はおもに内発的な学習意欲が萌芽し発達する時期であること，②青年期（中学校時代と高校時代）は内発的な学習意欲もさることながら，それを基礎にして自己実現のための学習意欲が発達する時期であること，になる。

ここではさらなる発達の特徴として，欲求の発達について述べておきたい。本書は第2章で説明したとおり，動機（意欲）の源として欲求を仮定する立場に立っており，さらにその欲求も発達することを仮定している。その最初の考え方は櫻井（2009）で紹介したが，現在では図3-5のように，自己実現の欲求が形成される時期が，高校時代から中学校時代へとシフトしている。それは，中学校時代までには認知能力がかなり発達し，二次性徴の発現によって自己に目が向き自己理解が進む（自我同一性が確立され始める），そして将来を展望し人生（将来）の目標がもてるようになるからである。人生（将来）目標がもてるようになるということは，取りも直さず自己実現の欲求がほぼ成立したということである。

自己実現の欲求は，知的好奇心，有能さへの欲求，向社会的欲求といった3つの欲求が中核となって形成されるという点は変わっていない。ただ，それぞれの欲求がなくなってしまうとは考えていない。この点は強調する必要があろう。知的好奇心は独立して内発的な学習意欲の大きな源であり続けるし，有能さへの欲求は学習領域ばかりでなく対人関係などのほかの領域でも活発に働くであろう（櫻井，2009参照）。さらに向社会的欲求はおもに対人関係領域において援助行動などの重要な源であり続けるであろう。もうひとつ，ここでとくに強調しておきたいことは，中

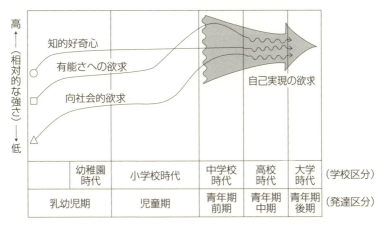

図3-5　自己実現の欲求の形成過程（仮説）（櫻井，2009を著者一部改変）

学校時代以降は，自ら学ぶ意欲の柱が，①内発的な学習意欲と②自己実現のための学習意欲になる，ということである。

（2）各発達段階における自ら学ぶ意欲の有り様

それでは，幼児期，児童期（小学校の時代），青年期（ここでは中学校時代と高校時代）に分けて，自ら学ぶ意欲の有り様（具体的には発達課題のあり方）について，関連する要因とともに詳しくみていこう。発達課題（developmental task）とは，各発達期においてクリアすることが望ましいとされる課題のことである。

なお，発達には個人差があるため，子どもはまったく同じように発達するわけではない。この点については十分留意する必要がある。また，先に紹介したバルテスらの研究（Baltes et al., 1980）でも指摘されているように，時代や世相の影響も免れない。したがって，ここで紹介するのは，現代に生きる平均的な子どもの自ら学ぶ意欲の有り様ということになる。第2章の図2-3（p. 24）を参照しながら，読み進めてほしい。

1）幼児期

幼児期，すなわち小学校に上がる前の時期（就学前期ともいう）に重要なことは，自ら学ぶ意欲の基礎である内発的な学習意欲を芽生えさせるということである。そのために達成が望まれる課題は以下の3点である。

A　安定したアタッチメント（愛着）の形成

子どもが，生まれてはじめて対人的な関係を結ぶ人である「主たる養育者（おもに母親のことになる：以後は母親という）」との間に，安定したアタッチメント（attachment：いわゆる"心の絆"で，愛着と訳されることも多い。さらに安定したアタッチメントは基本的信頼感〈basic trust〉ともいう：前節参照）を形成することは，第2章で紹介した「安心して学べる環境」（図2-3参照：p. 24）の基礎となる「対人的に安心して生活できる場」を保障することになる。すなわち母親に対する安定したアタッチメントが形成されれば，子どもにとっては知的好奇心を十分に発揮できる環境が整ったこと

になり，その結果として子どもは，母親を安全基地のようにして，積極的な探索行動を始められる。こうして知的好奇心が充足されれば，自ら学ぶ意欲の基礎である内発的な学習意欲が順調に芽生えることにつながる。

　なお，幼児期後期頃（3歳くらいから）には，アタッチメントの対象は母親や父親にとどまらず，祖父母さらには保育園や幼稚園の保育者にも広がり，多様な場所でそうした人たちに見守られながら探索行動ができるようになる。また，この時期には保育園や幼稚園での友達との活動（おもに遊び）や保育者とのやりとりを通して，他者とコミュニケーションするスキル（技能）や，友達を作ったり友達関係を維持したりするスキルも発達してくる。児童期以降の対人関係を良好に展開させるための素地ができる時期ともいえる。

B　旺盛な知的好奇心の充足

　この時期は知的好奇心，いわゆる興味・関心が旺盛な時期である。とくに幼児期前期は何事にも興味・関心をもって探索をする拡散的好奇心（diversive curiosity）が旺盛であり，幼児期後期になると拡散的好奇心によってなされた探索活動の結果として，その子にとってとくに興味・関心のあるもの（しかもうまくできるもの）を探究しようとする特殊的好奇心（specific curiosity）が芽生え始まる。これはその子の個性としての知的好奇心であり，将来的にはその子の人生（将来）の目標と強く関連することになる。

　知的好奇心によって生じる質問に対しては，応答する環境（responsive environment）を用意し，母親や周囲の者が即座に答えられるようにすると，知的好奇心はうまく充足され（おもしろいとか楽しいという認知や感情が生じて），さらなる知的好奇心が生み出される。知的好奇心という欲求は充足されることにより，維持あるいは促進される。この時期には，ほめることは知的好奇心の充足にプラスに働く（楽しいという経験を増幅させる）とともに，客観的な有能感の基礎を形成することにもなる。じつは，幼児期前期の子どもは「何でもできるようになる」あるいは「何でもでき

る」という万能感のようなものをもっているとされる。しかし成長とともに（とくに児童期の後期以降）少しずつ，実際にできること・できないことをしっかり意識させ，客観的な有能感が形成できるように対応していくことが必要である。

また，幼児は基本的に興味・関心のあることしかしないのも大きな特徴といえる。嫌なこと（例えば，トイレットトレーニング）にも積極的に関わるとしたら，それは自分にとって大事な母親のため，というようなアタッチメントと関連した理由によることが多い。

C　基本的生活習慣の自立

客観的な有能感を形成するために重要な役割を担うのが，ひとりで食事ができる，衣服の着脱ができる，トイレにいける，といった「基本的生活習慣の自立」である。先にも紹介したように，一部の子どもたちにとってトイレットトレーニングはかなりやっかいな課題である。そうした課題にもかかわらず頑張り続けられるのは，母親に対する心の絆があるためである。基本的な生活習慣を獲得した成果はとても大きく，絶大な（客観的な）有能感が得られる。こうした有能感がもとになって，自我（主体としての自分）が芽生え，いわゆる第一反抗期が訪れる。保育園の園バスに子どもを乗せようとすると「自分で乗るからいい」と言い張るため，子ども自身で乗るのを待つとか，外出のために靴を履かせようとすると「自分でするからやめて」と言ってきかないため，時間がかかっても子どもにやらせる，といったような場面はどの子にもよくあるのではないだろうか。この現象は一般には反抗と表現されるが，実際には子どもの自己主張であり，客観的な有能感や自分という意識（自我）がしっかり育っている証といえる。

2）児童期（小学校時代）

児童期，すなわち小学校時代に重要なことは，幼児期で芽生えた内発的な学習意欲を育てることである。そのために達成が望まれる課題は以下の5点である。

A　安心して学べる環境（とくに教室環境）の形成

　一時期，小学校に入学したばかりの小学1年生のなかに，授業中自分の椅子に座っていられなかったり，クラスの一員としての集団行動ができなかったりする子どもが頻出し，しかもその状態が長く続くことから，こういった不適応現象を「小1プロブレム」とよんだ。

　幼稚園や保育園から小学校への学校移行は，子どもに大きな期待とともに大きな不安をもたらす。自由を謳歌していた幼児が，クラスの一員として自己規制を求められ，しかもじっと座って授業を受けなければならない不自由な小学校生活に，簡単になじめるほうが不思議である。親や教師によって不安が解消され，どういう振るまい方が適切なのかを学び，そして友達ができることによってはじめて，小学校生活になじめるようになるのである。教室という新しい環境になじみ，安心して生活ができ，安心して学べるようになれば，教室は居心地のよい居場所になったといえる。

　もちろん，幼小の教師の連携も大事である。カリフォルニアのサンディエゴで学校訪問をした際，幼稚園と小学校が同じ敷地内にあり，教師も親も子どもも相互に交流をしていたことを思い出す。

B　授業が「わかる」「おもしろい」という経験

　小学校での授業内容がよく理解できれば，学ぶことがおもしろく楽しくなり，そうした気持ちは知的好奇心を充足させ，さらなる知的好奇心を喚起するであろう。授業内容の理解が内発的な学習意欲を育てるということである。知的好奇心が高まることによって，独自の目標をもち，情報収集をしたり，深く考えたり，クラスメイトと協同で課題を解決したりすることも促進されるであろう。

　一方で，授業内容がよく理解できれば，その結果としてよい成績をとることも多くなるであろう。それゆえ，学業に関する有能感が高まり，有能さへの欲求も充足されるであろう。そして有能さの欲求が充足されれば，つぎの授業でも「頑張れば，わかる，できる」という自己効力感が

高まり，学習意欲が高まることが期待できる。子どもにとっては理解できる授業がとても大事である。ただ，容易に理解できるということではなく，ある程度の努力を要して理解できるということが有能感を生み出す必要な条件になるように思う。

知的好奇心や有能さへの欲求が充足されるようになれば，内発的な学習意欲は徐々にしっかりしたものとなり，そうした内発的な学習意欲をベースにしたいわゆる「アクティブ・ラーニング」も効果的に行えると思う。受容的な学習だけでなく，探究的な学習も進めることができ，内発的な学習意欲はさらに充実するものと考えられる。

C　有能感の形成

よい成績をとることで有能感が形成されることを述べたが，じつは2つほど問題がある。ひとつは，よい成績をとっても，その原因が「運」がよかったとか，「教師の教え方」がよかったと考えた場合には，有能感はほとんど感じられない，という原因帰属の問題である。物事の成功・失敗の原因を何かに求めることを「原因帰属」というが（第2章　2（4）参照），よい成績がとれたという成功事態では，一般に能力や努力にその原因を帰属すると有能感を感じることができる。一方，運や教師の教え方などに帰属しても有能感はほとんど感じられない。ただ，能力という原因は，失敗事態では能力がないということにつながり，無能感を感じることになってしまうため，成功事態が多い子どもにはよいが，失敗事態も相当数ある子どもには，成功事態でも失敗事態でも努力に原因を帰属するほうがよく，努力すれば（あるいはもっと努力すれば）できるという有能感（あるいは自己効力感）を高めることにつながるものと考えられる。この点を理解していないと，子どもの有能感の形成は難しい。

もうひとつの問題は，何をもってよい成績と判断するか，という問題である。小学校も高学年になると，有能さの欲求のなかでも，他者よりも優れたいという「優越欲求」が強くなってくる。それは，このころから社会的比較（他者と自分を比べること）や相対評価（他者と比べて優劣をつけること）が盛んになるからである。多くの小学生にとって，優越欲求に基づ

くよい成績とは、クラスメイトのうちの誰か（他者）よりも自分のほうが成績がよい、ということである。いわゆる「相対評価」に基づく判断である。それゆえ、こうした判断に従えば、クラスのなかのトップクラスの子どもたちはよい成績をとりやすく有能感を感じやすいが、そうでない子どもたちはよい成績がとりにくく有能感も感じにくい、ということになる。ただ、誰にも得意・不得意はあるものなので（中学生以上になると得意・不得意はさらに明確になる）、得意な教科で他者と競争をしてよい成績をとり、有能感を感じられればよいのかもしれない。

　だが、さらによく考えてみると、優越欲求は他者と競争して勝りたいという欲求であり、これは自律的というよりも他律的な欲求と考えられる。他者と競争をするということは、他者を気にして学習をするということであり、さらに小学校段階では（自ら好んで競争をするのではなく）否応なく競争をさせられるということも多いため、競争をさせる人（多くは教師）によって勉強をさせられている（コントロールされている）という気持ちになりやすく、いずれにしても、他律性が強いといえる。すなわち、優越欲求に振り回されると、内発的な学習意欲は育ちにくいということである。この点については十分な注意が必要である。

　結論からいえば、有能さの欲求のなかでも、成長欲求に基づいて学習をして有能感を感じることが重要といえる。成長欲求に基づくと、よい成績とは自ら関わって設定した目標をクリアすること、自分の過去の成績よりも優れた成績をとること、などである。いわゆる「絶対評価」や「個人内評価」によって評価をするということである。成長欲求に基づけば、たとえ不得意な教科であっても、適切な目標を設定しそれをクリアできれば、有能感を感じることができる。

　なお、他者との競争によって敗者になることそれ自体は、必ずしも悪いことではない。神様でない限り、オールマイティはありえない。敗者になることで、敗者の気持ちが理解できるようになる。敗者になったときも、さらには勝者になったときも、他者の気持ちを理解できるということは、他者や社会の役に立ちたい、という向社会性の発達を促すであろう。

D 認知能力の活用

小学校時代には，記憶力や思考力が急速に発達してくる。こうした認知能力をうまく活用して，知識の習得や深い理解などにつなげ，学習活動を活発化させることが可能となる。

この時期に注目される認知能力のひとつは，記憶力である。記憶方略の使用，とくにその自発的な使用によって記憶力が急速に発達する。幼児でも他者に指示されると記憶方略を使用することはできるが，自発的に記憶方略を使用することは少ない。記憶方略の自発的な使用による記憶力の急速な進歩は，広く深い知識の習得を可能にする。そして，そうした記憶や知識は思考の大事な材料となる。

記憶方略としては，「リハーサル (rehearsal)」と「体制化 (organization)」がよく知られている (櫻井登世子, 2010)。リハーサルとは，同じ刺激を何回も反復して覚える方略であり，7歳くらいから自発的に使用できるようになる。さらに年齢が高くなると，一度にリハーサルされる刺激の数が多くなるという。もうひとつの体制化は，刺激をグループ化して覚える方略であり，例えば，絵カードを覚えるのに，動物，家具，乗り物，衣服というようなグループ (いわゆるカテゴリー) に分けて覚える方法である。10, 11歳くらいになると体制化方略を自発的に使用できるようになるという。

さらにもうひとつ注目される認知能力は，思考力である。思考力の発達についてはピアジェの研究が有名である。児童期は，ピアジェのいう「具体的操作期」にあたり，おもに具体物で提示されれば (具体的であれば) 論理的な思考が可能になる段階であるとされる。この点に留意して授業を設計する必要がある。なお，発達の加速化 (従来よりも発達が速くなる現象) に伴い，小学校3, 4年生でも，つぎの発達段階である「形式的操作期」に入る子どもが増えている。形式的操作期に入ると，大人とほぼ同じような，具体物がなくても抽象的で論理的な思考が可能になる。

ただ，小学3, 4年生の学習内容をみると，具体的なものから抽象的なものへの移行が始まっており，思考力の発達の早い子どもはそれにつ

いていけるが，遅い子どもはついていけない。このように学習内容が具体的なものから抽象的なものとなり，具体的な思考力ではそのギャップ（壁）をうまく乗り越えられない現象を「9歳（10歳）の壁」と称されることがある。この点についての詳しいことは櫻井（2016）や渡辺（2011）を参照してほしい。

E　学習習慣の形成

児童期に形成される内発的な学習意欲にとっても，青年期に充実してくる自己実現のための学習意欲にとっても，授業内容の理解やそれに基づく知識の蓄積は，新たな問題を見出したり，新たな問題を解いたりするときに必要不可欠なものといえる。その意味で，家庭で宿題をしたり，復習をしたりすることは，深い理解や知識の定着につながるものと考えられる。宿題や復習をしっかりするには，家庭でほぼ毎日，決まった時間に勉強することを習慣づけることが肝要である。子どもが，家庭で宿題や復習をしないと落ち着かないと思うようになれば学習習慣は定着したものと考えられる。

また同時に家庭での予習も，興味・関心をもって授業に臨み，授業の内容理解を促進する効果があるとされる（篠ヶ谷, 2016）。予習の仕方にもよるが，基本的には，予習も家庭での学習習慣に組み入れることができるとよいであろう。

いずれにしても，家庭での学習習慣は小学校の低学年のうちに，すなわち宿題がそれほど難しくなく，学校での答え合わせなどで比較的容易に正解できる時期に形成しておくことが望ましいであろう。

3）青年期（中学校時代と高校時代）

中学校時代や高校時代に重要なことは，児童期で形成された内発的な学習意欲をベースにして，自己実現のための学習意欲を育てることである。そのために達成が望まれる課題は以下の6点である。

A　各学校段階における安心して学べる環境の形成

　小学校から中学校への移行においても，中学校での学習内容（教科担任制で専門化された授業）や生活リズム（部活などによる過密な生活）の変化になじめず，いじめや不登校などの問題行動が増加する現象が起こり，これは「中1ギャップ」とよばれている。また，中学校から高等学校への移行においても，同様の「高1クライシス」という現象が知られている。こういった現象を解消するため，小中一貫校や中高一貫校のなどの新たな学校制度も登場しているが，必ずしもすべての問題行動が劇的に解決するわけではなさそうである。

　大事なことは，新たな学校・教室環境に適応するためのスキルを事前に形成しておくことである。幼児期で説明したとおり，学校や教室環境が安心して学べる環境になるためには，友達を作ることやその友達関係を維持することに関わるスキルがとくに重要である。学校移行に限らず，転居や就職によっても新しい環境への適応は不可欠である。こうした新しい環境への適応の努力はたびたび起こることであり，その意味で，上述のスキルの形成はとても重要といえる。

　なお，いずれの学校移行においても，上記のスキルのない子どもの学校適応の鍵は教師が握っており，そうしたスキルのない子どもにはスキルを教えること（例えば，構成的グループエンカウンターの使用），さらに気が合うような子どもたちをつなげる努力をすること，などが求められる。

B　優越欲求と成長欲求のバランスのよい充足

　中学生や高校生になると，それ以前に比べ，教科における得意・不得意がはっきりしてくる。児童期で説明した優越欲求，すなわち他者（おもに級友）に勝ちたいという気持ちがさらに強くなる。この欲求は自分を成長させるために重要ではあるが，基本的に，競争は自らの意思で行うこと，さらにできれば得意な教科で行うこと，が前提であるように思う。そして，根本的には成長欲求をもつことが大事で，自分が伸びることをめざし，不得意な教科でも頑張れることがよいと考える。こうしたこと

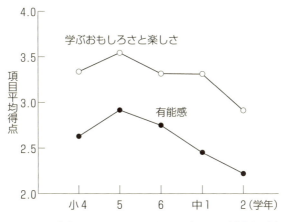

図3-6 「学ぶおもしろさと楽しさ」および「有能感」の平均得点の年齢による変化 (櫻井, 2009)

は, 児童期の「有能感の形成」のところで述べたので, ここでは省略する。

また, 教科の得意・不得意がはっきりしてくるので, 学習全般ではなく, 得意な学習分野で有能感をもつことができれば, それでほぼ大丈夫といえるように思う。学習全般に対する有能感は成長とともに低下するようである (図3-6参照)。さらに, 図3-6によれば, 小学校から中学校にかけて, 学習全般に対する学ぶおもしろさや楽しさも低下するようであり, 残念なことにこの点は以前よりも顕著になったと思う (櫻井, 2009参照)。

C 等身大の有能感の形成

中学校・高校段階における有能感の形成では, 幼児期由来の「何でも (やれば) できる」という万能感ではなく, 「これはできるが, これはできない」という客観的な自己理解に基づく「等身大の有能感」を形成することが大事である。そうでないと, 自己理解に基づく適切な人生 (将来) 目標をもつことが難しくなる。そのためには, 自分の学習に対するポジティブな情報だけでなく, ネガティブな情報にも聞く耳をもつ必要があり, 周囲の大人も, 信頼関係のもとにネガティブな情報を与えること, さら

に子ども同士でそうした情報を相互に提供することも必要であろう。等身大の有能感の形成はかなり難しい発達課題であるようなので，対応策については第7章で詳述する。

D　充実した向社会的欲求と自己実現の欲求の形成

　他者や社会の役に立ちたい，という気持ちは，向社会的欲求あるいは利他的欲求とよばれるが，こうした欲求が充実しうまく働くようになるのは，中学生の頃からであると考えられる。向社会的欲求は援助行動などの向社会的行動を動機づける基盤であるが，こうした向社会的行動を動機づける際に重要な役割を果たすのが，共感性（empathy）と向社会的な道徳判断（prosocial moral judgement）である。

　共感性とは，広義に捉えると，他者の感情状態を認識し，他者の立場になって考え，他者と同様の感情を共有したり，他者の感情に対して適切な感情反応を起こしたりすることである。具体的にいえば，他者が苦しんでいるときに，その苦しいという感情状態に気づき，その人の立場になって，その苦しい感情を共有し，さらにかわいそうであると同情をすることである。一方，向社会的な道徳判断とは，困っている他者に出会ったときに，自分が不利益を被っても，援助などの向社会的行動をするかどうかを判断することである。

　共感性の発達についてはホフマン（Hoffman, 1987）の研究が，向社会的な道徳判断の発達についてはアイゼンバーグ（Eisenberg, 1986, 1992）の研究が有名である。両者の研究結果を総合すると，中学生の頃になると，不特定の他者に対しても共感できるようになり，さらにそうした共感に基づいて，たとえ言語的にその理由がうまく説明できなくても，ほぼ適切な向社会的行動ができるようになる，とまとめることができる。

　さらに，この時期には，先の「発達の特徴」でも紹介したように，知的好奇心，有能さへの欲求，そして向社会的欲求の3つの欲求から「自己実現の欲求」が形成されるものと考えられる。この欲求が形成されることによって，級友への援助のために自分は理科の授業でしっかり学びたい，というような向社会的欲求に基づく直近の学習目標のほかに，自分

は理科の教師になって多くの子どもたちのために役に立ちたいというような，人生（将来）の目標（自己実現のための目標）をもって学べるようにもなる。こうした目標の登場こそ，自己実現の欲求が発現した証である。

E 自己理解に基づく自律的な人生（将来）目標の設定

思春期（小学校高学年頃から）になると，二次性徴の発現などにより自分に注目するようになる。さらに，思考力はピアジェが指摘した「形式的操作期」に近づき，抽象的で論理的な思考（大人並みの思考）ができる段階に達する。それゆえ，高い思考力によって自己分析が可能となり，その結果，自己理解も深まる。

さらに，先に紹介した自己実現の欲求の登場によって，夢のような将来の目標（児童期の前期まではこれでよいが）から，自己理解に基づく適切な（実現可能性の高い）将来の目標を設定することができるようになる。すなわち，中学生や高校生は，自分の主たる興味・関心や適性などを理解し，それをベースにして，将来どうなりたいか（とくにどのような仕事につきたいか，どのような生き方をしたいか）という「自律的な」人生（将来）目標が形成され，その達成のために嫌な教科でも自分から学べるようになるのである。この過程をうまくサポートすることが教師や親に求められる。また，こうした自律的な人生（将来）目標をもつことが，学校段階を終えたときに，学業から仕事へのスムーズな移行につながるものと期待できる。ただ，人生（将来）目標をもつことだけでは，中学校や高等学校での学習をうまく進めることは難しいように思う。すなわち，どんなに自律的な人生（将来）目標がもてても，直近（短期）の学習目標をしっかりもつことができなければ，現実の学習行動をうまく動機づけることは難しいのである。

一方，「他律的な」人生（将来）目標をもつことを強いられると，子どもはその目標を達成するために長期にわたって努力することは困難なように思う。成功し有能感を感じることはあっても，学ぶおもしろさや楽しさ，さらには充実感を感じることは少ないからである。子どもの主たる興味・関心を理解し，子どもの誇れる仕事につけるように，さらに充実

した人生を送れるようにアドバイスできるとよい。ただ，高校生に比べると中学生は確固とした自己が形成されていないため，まだ夢のような人生（将来）目標をもつことも多く，他律的な人生（将来）目標がもつネガティブな影響は少ないように思う。

なお，ここで人生（将来）目標の分類について少し触れておこう。一般的にはつぎのように分類される。

(1) **自律的な人生（将来）目標**——志望する仕事につくこと，支えてくれる人がいること，健康であること，よりよい社会の実現に寄与すること，自己成長，など。
(2) **他律的な人生（将来）目標**——お金持ちになること，有名になること，身体的に魅力的になること，など。

ただ，大事なことがひとつある。それは，子どもがもつ人生（将来）目標群のなかで，自律的な人生（将来）目標が主となり，他律的な人生（将来）目標が従となることが，望ましいということだ。上記のとおり，他律的な人生（将来）目標をもつことはよくある。筆者だってお金持ちになりたいし，イケメンであるほうがよいと思っている。ただし，これらを追求しすぎると，その根元にある理由（人にばかにされたから，お金持ちになって見返してやりたいとか，イケメンといわれるようになって見返してやりたい）が他者にコントロールされている理由であるため，本来の自分に返ったとき，幸せは感じられないし，精神的にも健康にはなれないようである。

なお，経済的に貧しい人が，十分な食料を手に入れるために，お金持ちになりたいというような目標をもつことは，ここでいう他律的な人生（将来）目標には含まれない。すでに紹介したように，マズローの欲求の階層説（図2-2参照：p. 20）でもわかるとおり，まずは生理的な欲求などの下位の欲求が満たされなければ，自己実現の欲求が機能することはない。その意味で，これは自己表現のための人生（将来）目標とはいえないのである。本書での人生（将来）目標の話は，経済的にある程度恵まれている国や地域での話と考えてほしい。

F　メタ認知能力の形成・促進

中学生の頃より，メタ認知能力が充実してくる。その結果，この能力によって，学習過程をセルフ・コントロールできるようになる。すなわち，教師がほめたり，激励したり，さらにはこうすべきであると指示することがなくても，子どもは自分を学習に動機づけ，必要な学習行動を展開し，さらに学習行動をモニターしてうまく進んでいないところを調整し，最終的な目標が達成できるようにコントロールできるのである。さらに，学習の途中あるいは終了時に，自分自身で失敗を反省・激励し，成功を喜び・ほめこともできるようになる。これはメタ認知能力に含まれる自己評価能力が発揮されるからである。メタ認知能力が順調に育てば，生涯学習の基礎が形成されたといえる。

第4章 学習意欲のアセスメント

1 学習意欲に関係する要因

　第1章では,学習意欲(動機)にベクトル量と同じような「方向」と「大きさ」があること,そしてその方向という観点から,学習意欲は自ら学ぶ意欲(他律的な学習意欲)と他律的な学習意欲に,さらに自ら学ぶ意欲は内発的な学習意欲と自己実現のための学習意欲に分類できることを述べた(図1-2参照:p.3)。そして,これら3つの学習意欲を質問紙でアセスメントする場合の質問内容についても示した。それゆえ,質問紙を用いる場合のアセスメント(assessment:査定・評定・評価などと訳される)の方法については,すでにご理解いただけていると思う。ただ,本章では他律的な学習意欲を,有機的統合理論(自己決定理論の下位理論のひとつ,詳しくは第5章参照)に沿って,さらに2つに分けてアセスメントする方法について述べる。

　また,第2章では動機づけというプロセスについて説明し,自ら学ぶ意欲が発現するプロセスモデル(図2-3参照:p.24)を示し,授業場面を例として当該モデルについて詳しく説明した。このモデルの一部を検討する研究も紹介し,その際には図2-4 (p.30)に基づき,欲求としての知的好奇心と有能さへの欲求(向社会的欲求も一部含む),学習行動としての情報収集,自発学習,挑戦行動,深い思考,独立達成,そして認知・感情としての学ぶおもしろさや楽しさと有能感は,表2-2 (p.32)の項目例によってアセスメントが可能であることを示した。そこで,本章ではこれまでに取り上げていない,向社会的欲求,メタ認知,学習方略,

協同学習，原因帰属，自己効力感，充実感（自尊感情と自己有用感を含む），安心して学べる環境，そして第3章で述べられた自己実現のための学習意欲と密接に関わる人生（将来）目標のアセスメントについてももう少し詳しく紹介したい。

なお，学習意欲（動機）の大きさの観点についてはまだほとんど言及していないが，これまでの研究（おもに「期待×価値理論」〈成功期待と課題などの価値によって動機づけ現象を説明する理論〉の研究。鹿毛，2013 参照）から，自己効力感（有能感）と無気力がそれに該当するものと考えられる。自己効力感が高ければ学習したいという気持ちが強くなり，無気力が強いとそうした気持ちが弱くなるあるいはほとんどないことがわかっている。

ところで，自己効力感と有能感は類似した概念として扱われることが多いが，自己効力感は，やれば（努力すれば）できるという思い（可能性としての自信）であり，有能感は，これまでの経験からできるという思い（結果としての自信）という点で違いがあるように考えられる。成功経験の結果として有能感がもたらされ，それが基礎になり自己効力感が生まれる，と考えるとわかりやすいように思う。

② アセスメントの方法

心理学でよく用いられるアセスメントの方法には，観察法，面接法，そして質問紙法がある。観察法とは，人間あるいは動物の行動を観察・記録・分析して，行動の法則性や行動の質的・量的な特徴などを明らかにする方法である。科学的であることを求めなければ，誰もが日常的に行っている。例えば，電車のなかで一生懸命テキストをみている中学生は，おそらく意欲的に学んでいるのであろう。ただ，ここで気をつけなければならないことは，そのような行動から意欲のあり方（心のなかのこと）までは正確に読みとれないということである。自発的なのか，それとも母親からいわれて仕方なくそうしているのか，さらにはほんとうに意欲的であるのかさえ，正確にはわからないといえる。ただ，こうした限界はあるものの，観察法は言語能力が十分に発達していない幼児や障

害をもつ人にも適用できるという大きなメリットがある。

　面接法は，面接者が被面接者（面接を受ける人）と面談して，被面接者から本人あるいはその他（他者や環境など）の情報を得て，その情報を分析する方法である。治療のための臨床的面接と調査のための調査的面接に分けられる。個人的な情報を得ることができるという点が面接法の大きなメリットであろう。個人が特定される面接（とくに臨床的面接）の場合には，面接者と被面接者との関係が良好でないと信頼できる情報を得ることは難しい。観察法や調査法（心理学では質問紙法ということが多い）によるアセスメントの成果を確認し情報を付加したり，独自な存在としての被面接者（個人）を理解したりする場合には適した方法といえる。

　さて質問紙法は，現在もっともよく使用されるアセスメント方法である。紙に印刷されたあるいはパソコンの画面上に現われた質問への回答から，調査協力者（調査を受ける人）の行動傾向，態度，人間関係などを分析する方法である。また，調査協力者自身の情報だけでなく，物理的な環境や友人・親兄弟など他者の情報を得ることも可能である。しかし，後者の情報については倫理上，尋ねることが難しい場合も多い。注意が必要である。

　質問紙法は一度に多くの人から情報を得ることができ，心理統計などによって多様な分析が可能になった現在，とても効率的なアセスメント方法といえる。ただ，質問への回答には回答者の思惑が反映されやすいため，無記名の調査であること（回答者が特定されないこと）や結果を研究以外に使用しないことなど，調査協力者が本音で回答できるような配慮をすることが重要である。記名方式で回答してもらう場合には，とくに教師が子どもに質問紙を実施するような場合には，回答の歪みを少なくするために，調査者である教師と調査協力者である子どもとの間にある程度の信頼関係が必要であるように思う。

　さて，学習意欲に関係する諸要因のアセスメントには，これらの方法が使用できる。図２-３（p.24）に従うと，学習行動レベルの要因については，観察法と質問紙法のどちらも適用可能であるが，その他の要因についてはおおむね質問紙法が適しているように思う。もちろん，個人の

詳細な情報や特別な情報を収集したい場合には，すなわち個人指導のための情報を必要とする場合には，これらの方法よりも面接法が適しているであろう。その際には個人指導の対象となる本人の面接だけでなく，家族や友人，教師との面接も有効であるように思う。

次節では，前節で提案された学習意欲に関係する諸要因について，質問紙法によるアセスメントの仕方を紹介する。なお，質問項目（尺度）には，著作権等の関係で，筆者が作成したものも入っている。こうした項目を使用したり，参考にしたりすることは一向に構わないが，心理学等の学術研究に用いる場合には，信頼性や妥当性の検討が必要であることに留意してほしい。

③ 質問紙法によるアセスメント

（1）欲求・動機に関連する要因のアセスメント

図2-3（p.24）の欲求・動機に関連する要因として，学習理由，人生（将来）目標，向社会的欲求を取り上げて，それらのアセスメントについて述べる。

A　学習理由による学習意欲の分類

ここでは，学習意欲の方向（第1章参照）を，自律—他律の軸によって4つに分類する方法を紹介する。分類に用いるのは学習する「理由」であり，動機よりもやや広い概念である。

西村・河村・櫻井（2011）は，自己決定理論（第5章や櫻井，2012を参照）の提唱者として有名なデシ（Deci, E. L.）らの研究（いわゆる有機的統合理論）をもとに，わが国の中学生の学習意欲を自律性の程度によって4つに分類する質問紙を作成した。表4-1に，その項目例を示した。

「内的調整」（調整は意欲や動機と読み替えてもよい）には，「勉強することがおもしろいから」というように，興味・関心によって学ぼうとする内発的な学習意欲に関連する理由が集められている。ライアンとコネル

表4-1 学ぶ理由による学習意欲の分類（項目例）
（西村ら，2011をもとに著者作成）

●**内的調整**（内発的な学習意欲に対応）
　・勉強することがおもしろいから
　・むずかしいことに挑戦することが楽しいから
　・自分が勉強したいと思うから

●**同一化的調整**（自己実現のための学習意欲に対応）
　・自分の希望する高校や大学に進みたいから
　・自分のためになるから
　・自分の夢を実現したいから

●**取り入れ的調整**（他律的な学習意欲に対応）
　・まわりの人にかしこいと思われたいから
　・友達にばかにされたくないから
　・勉強で友達に負けたくないから

●**外的調整**（他律的な学習意欲に対応）
　・成績が下がると怒られるから
　・勉強することは規則のようなものだから
　・まわりの人から「やりなさい」と言われるから

注）選択肢は「まったくあてはまらない（1点）」「あまり
　あてはまらない（2点）」「少しあてはまる（3点）」「と
　てもあてはまる（4点）」である。

（Ryan & Connell, 1989）によると，これはもっとも自律的な学習意欲（理由）とされるが，すでに第1章で述べたとおり，自律的というほど意識的な状態ではないこともあるため，「自ら学ぶ理由」と表現したほうが適切であるように思う。

　つぎの「同一化的調整」「取り入れ的調整」「外的調整」は，従来の外発的な学習意欲（理由）に相当するものであるが，自律性の程度によってこの3つに分類された。

　まず同一化的調整はこの3つの調整のなかでもっとも自律性が高く，「自分のためになるから」「自分の希望する高校や大学に進みたいから」というように，学ぶことの価値をおおむね内在化した（ほんとうに自分のものにした）学習意欲（理由）といえる。本書における「自己実現のための学

習意欲」はこれにもっとも近い学習意欲（理由）と考えられる。

　取り入れ的調整は，「まわりの人にかしこいと思われたいから」「友達にばかにされたくないから」といったように，他者との比較による自己価値の維持や恥の回避などのために学ぶ意欲であり，どちらかといえば他律的な学習意欲（理由）である。

　外的調整はもっとも他律的な学ぶ意欲であり，「成績が下がると怒られるから」「勉強することは規則のようなものだから」というように，罰の回避・社会的な規則などの外的な力によって学ぶとする意欲（理由）である。

　表4-1に掲載された項目は，その注にあるように4段階（1〜4点）で自己評定する。原典の尺度項目をお知りになりたい方は西村ら（2011）を参照してほしい。なお，自律的な学習意欲得点（内的＋同一化的調整）と他律的な学習意欲得点（取り入れ的＋外的調整）にまとめて，個人のなかで両者を比べたり，自律的な学習意欲得点から他律的な学習意欲得点を減じた「相対的な自律的な学習意欲得点」によって個人間比較をしたりすることも可能である。

B　人生（将来）目標

　カッサーとライアン（Kasser & Ryan, 1993, 1996）は，若者が将来（自分のつきたい職業や生き方など）に対して抱く目標（aspirations or goals：人生目標あるいは将来目標という）を2つに分けて捉え，それらのバランスが精神的健康（適応）に大きな影響をもたらすことを明らかにした。2つの人生（将来）目標とは，内発的（intrinsic）人生（将来）目標と外発的（extrinsic）人生（将来）目標である。本書では，自律―他律という表現を主として用いているため，ここでもこの2つの目標を，それぞれ自律的な人生（将来）目標，他律的な人生（将来）目標とよぶことにする（第3章参照）。

　カッサーとライアンによれば，自律的な人生（将来）目標とは，人間の基本的な心理的欲求（有能さ，自律性，関係性を求める欲求：第5章参照）を直接的に充足する人生の目標であり，自己成長，社会貢献，親密性の獲得，健康といった目標（表4-2参照）により構成されるという。これに

表4-2　子どもの人生（将来）目標を測定する項目の例

(西村ら，2017をもとに著者作成)

●自律的な人生（将来）目標
(1) 自己成長
・自分について多くのことを知り，成長すること
・生き方や人生を自分なりに選ぶこと
(2) 親密性の獲得
・自分のことを気にかけて，支えてくれる人がいること
・頼りになる友だちをもつこと
(3) 社会貢献
・困っている人を助けること
・人の役に立ち，世の中をよくすること
(4) 身体的健康
・元気でくらせること
・健康であること

●他律的な人生（将来）目標
(1) 金銭的成功
・ぜいたくなものをたくさん買うこと
・お金がたくさんもらえる仕事につくこと
(2) 外見的魅力
・見た目がすてきだと言われること
・かっこよく（または，かわいく）なること
(3) 社会的名声
・有名になること
・えらくなり，人から認められること

注) 「あなたはどんな人生や生き方を望んでいますか」と問い，各項目に対して重要度を評定してもらうとよい。

対して，他律的な人生（将来）目標とは，基本的な心理欲求を間接的にしか充足しない人生の目標であり，金銭的成功，社会的名声の獲得，外見的魅力（表4-2参照）といった目標により構成されるという。そして，自律的な人生（将来）目標は精神的健康にポジティブな影響を，他律的な人生（将来）目標はおおむねネガティブな影響を与えることが多くの研究で支持されている（まとめとして，西村・鈴木・村上・中山・櫻井，2017参照）が，ここで大事なことは，他律的な人生（将来）目標をもってはいけないということではなく，自律的な人生（将来）目標を主，他律的な人生（将来）目標を従としてもつことが望ましいということである。

　さらに，鈴木・櫻井（2011）は高校生を対象に，こうした人生（将来）目標の持ち方が学習意欲や適応的な学習行動と関連があることを示している。この結果から，自律的な人生（将来）目標を強くもつほうが，自ら学ぶ意欲とくに自己実現のための学習意欲を形成しやすいといえるだろう。人生（将来）目標は，現実あるいは近い将来の自ら学ぶ意欲に影響を及ぼす重要な要因としてアセスメントをする必要があると考えられる。

　表4-2をご覧いただきたい。西村ら（2017）を参考にして，自律的な人生（将来）目標と他律的な人生（将来）目標の項目例をあげた（第3章の項目例も参照）。自律的な人生（将来）目標には「自分自身について多くのことを知り，成長すること」「自分のことを気にかけて，支えてくれる人がいること」「人の役に立ち，世の中をよくすること」「健康であること」など，マズローの自己実現の欲求や成長動機（上出・大坊，2012）と関連がみられる項目が多い。

　一方，他律的な人生（将来）目標には「ぜいたくなものをたくさん買うこと」「かっこよく（または，かわいく）なること」「えらくなり，人から認められること」などがあり，こうした目標をもつことの背景には，自分（の貧乏や容姿など）をばかにした他者を見返してやりたいという気持ちの存在が推測できる。その意味で，まさに他者にコントロールされている他律的な目標といえる。表4-2は筆者が多少アレンジしたものであるため，西村ら（2017）の正確な項目がお知りになりたい方は原典をあたってほしい。

なお，これらの項目に対しては「あなたはどんな人生や生き方を望んでいますか。以下のそれぞれの目標を達成することが，あなたにとってどれくらい重要か，を答えてください」と問い，「まったく重要でない」「あまり重要でない」「やや重要だ」「とても重要だ」の4段階程度の選択肢のなかからひとつを選択してもらえばよいと思う。

C　向社会的欲求

向社会的欲求の程度をアセスメントできる質問項目については，向社会的行動を測定する尺度（菊池，2014）を参考にして，筆者が作成してみた。とくに，一般的な（生き方に対する）向社会的欲求と，子どもの自ら学ぶ意欲と関連する向社会的欲求とではやや異なるように思われるため，2種類の項目を作成してみたが，いかがだろうか。

(1) **一般的な（生き方に対する）向社会的欲求**——①自分の適性を活かして，できるだけ人助けができるような仕事につきたい。②困っている人を助けるために何かをしたい。③社会が発展できるように協力したい。④他者のために役立つようなこと（仕事，献血，ボランティア活動など）をしたい。⑤弱者のために寄付をしたい。

(2) **自ら学ぶ意欲に関連する向社会的欲求**——①授業がうまく理解できないクラスメイト（人）にはわかりやすく教えてあげたい。②勉強が苦手なクラスメイトの相談に乗ってあげたい。③クラスのいじめをなくしたい。④学校を休んだクラスメイトのためにお便りや宿題のプリントを届けたい。⑤クラスメイトが難しい課題に出会ったときは一緒に考えてあげたい。

こうした項目に対して「あなたにとって，どれくらい重要であるか」を尋ねれば，質問紙になると思う。

（2）自己調整学習に関連する要因のアセスメント

自己調整学習に関連する要因として，メタ認知，学習方略，原因帰属を取り上げ，そのアセスメントについて述べる。

D　メタ認知

　ピントリッチ (Pintrich, 2000) によれば，自己調整学習とは「主体的で，建設的な学習のプロセスであり，学習者は自分の目標を設定し，その目標が達成できるように，周囲の環境にも配慮しながら自己の認知，動機づけ，行動を監視・制御していくプロセス」と定義している。この定義からも明らかなように，自己調整あるいはメタ認知とは，自分が行っている (あるいは行おうとしている) 学習の捉え方，学習への気持ち，学習の方法 (とくに学習方略) などをモニターし，適切かどうかを判断し，適切でなければ適切な状態に変えるといったセルフ・コントロールのこと，である。

　ここでは，市原・新井 (2006) を参考に，学習 (勉強) の前と途中に分けて，メタ認知に関する項目を3項目ずつ作成してみた。

(1) **学習の前のメタ認知**──①勉強を始める前に，これから何をどうやって勉強するか，考える。②勉強をするときは，大切なところはどこかを考えてから始める。③勉強をするときは，(必要であれば) 最初に計画を立ててから始める。

(2) **学習の途中のメタ認知**──①勉強をしているとき，やっていることが正しくできているかどうか，確かめる。②勉強をしているとき，たまにストップして，一度やったところを見直す。③勉強しているとき，やった内容を覚えているかどうか，確認する。

　こうした項目に対して，その頻度に関する選択肢 (「いつもしている」「たまにしている」「あまりしない」「しない」など) を設けて，質問紙を作成すればよいかと思う。

E　学習方略

　学習方略とは，学習の仕方であり，その分類は対象者や課題の種類によって異なるとされる (佐藤, 2000)。市原・新井 (2006) は学習方略を，①深い処理 (単なる記憶ではなく概念の本質を理解する)，概念間の関連づけ，

体制化（カテゴリーに分けて覚えたり理解したりする），精緻化（既有の知識と結びつけて理解する），批判的思考などの「意味理解方略」と，②浅い処理，リハーサル（繰り返して覚える），反復などの「暗記・反復方略」の2つに分類している。そして，前者は学習成果と結びつきやすく，後者は学習成果との結びつきが弱く，阻害要因になることさえあるという。

ここでは，中学生の数学学習を対象に構成された市原・新井 (2006) の学習方略尺度を参考に，「意味理解方略」と「暗記・反復方略」の質問項目をあげてみよう。

(1) **意味理解方略**——①公式や法則はただその形を覚えるだけでなく，どうしてそのような形になるのかを考える。②公式や法則は自分で導き出せるようにする。③ある方法で問題を解いた後で，その他の方法でも問題が解けるかどうか考える。④どうすれば効率よく問題が解けるか考える。

(2) **暗記・反復方略**——①何度も同じ問題を解く。②苦手なところを繰り返し勉強する。③間違えた問題に集中的に取り組む。④学校で配られた問題集を繰り返し解く。

教科が異なったり，対象が異なったりする場合には，それに合わせて項目も修正する必要があろう。こうした項目に対して，その頻度に関する選択肢（「いつもしている」「ときどきしている」「あまりしない」「しない」など）を設けて，質問紙を作成すればよいかと思う。この点ではメタ認知の質問紙と同じである。

F　原因帰属

ワイナーの達成動機づけ研究（例えば，Weiner, 1979）では，モデルを構成する新しい要素として原因帰属が加わり，さらに抑うつの研究（例えば，Abramson et al., 1978）でも重要な要素として取り上げられたため，1980年代を中心に原因帰属研究は一世を風靡することになった。

原因帰属とは，成功・失敗事態の原因を何かに求めることであるが，学習場面での原因帰属では，その原因がもつ性質によって後の学習意欲

や学習行動，学習成果に大きな影響を与えるとされる（樋口・鎌原・大塚，1983；杉村・藤田・玉瀬，1983）。この影響については後述するが，ここではまず，原因帰属のもっとも簡易な測定方法について，杉村ら（1983）を参考に紹介したい。

　まず，1つの教科（国語，算数，社会，理科など）をあげ，その直近の学期の成績を，「よかった」（成功）か「悪かった」（失敗）で尋ねる。そして，その「よかった」理由を，①頭がいいから，②がんばったから，③テストがやさしかったから，④先生の教え方がうまかったから，⑤運がよかったから，⑥からだの調子や気分がよかったから，などから1つ選ばせる。一方，成績が「悪かった」と回答した場合は，その理由を，①頭が悪いから，②なまけたから，③テストが難しかったから，④先生の教え方がへただったから，⑤運が悪かったから，⑥からだの調子や気分が悪かったから，などから1つ選ばせる。各教科についてこうした質問を繰り返せば，現実の教科学習における成功・失敗とその原因帰属のあり方を測ることができる。

　このような方法のほかにも，子どもの学習において頻繁に起こりそうな成功・失敗場面を数場面ずつ作成し，場面想定法により，そのような場面に出会ったとしたら，どのような要因（上記と同じようにいくつかの要因を用意しておく）に原因を帰属するかを尋ねる方法もある（樋口ら，1983）。こちらのほうは，その子の「特性としての原因帰属」（原因帰属様式という）を問うものである。研究ではこうした方法を用いることが多い。

　原因帰属研究では，成功を努力や能力に，失敗を努力に帰属する場合に学習意欲が高まったり持続されたりするが，成功を運に，失敗を能力に帰属する場合には学習意欲が下がることが多いとされる。ただ，努力要因については，どのように努力すればよいかがわからなければ，失敗をいくら努力に帰属しても，学習意欲の改善は難しい（櫻井，2009）。

（3）学習行動のアセスメント

　学習行動には多様なものがあるが，ここでは第2章の研究で取り上げなかった協同学習のアセスメントについて紹介する。

G　協同学習

新しい学習指導要領では，アクティブ・ラーニング（第1章参照）の視点に基づく「主体的・対話的で深い学び」が強調されている。協同学習は，このなかで「対話的な学び」に含まれるものと考えられる。

協同学習のアセスメント項目については，心理学の論文のなかに適当な項目を探すことができなかったので，長濱・安永・関田・甲原（2009）を手掛かりに，筆者が独自に作成してみた。以下は，「グループ活動を前提として」作成した項目であることにご留意いただきたい。

(1) グループの人と協力して課題を解く。
(2) 任された課題の解決が難しいときは，グループの人に気軽に相談する。
(3) グループ内で役割を決めて，課題を解く。
(4) グループの人と自分の意見が異なるときも，しっかり発言する。
(5) グループの人の意見は最後まで聞く。
(6) グループの人の少し的外れな意見でもきちんと聞く。

こうした項目に対して，「いつもしている」「ときどきしている」「あまりしない」「しない」などの選択肢を用いて，頻度を尋ねるとよいと思う。

なお，上記の項目をうまく修正すれば，協同学習への選好を問うこともできるように思う。

（4）認知・感情に関連する要因のアセスメント

学習結果としての認知・感情に関連する要因は，第2章で学ぶことのおもしろさや楽しさと，有能感を取り上げた。ここでは，充実感（自尊感情と自己有用感を含む），有能感に近い概念であるが，どちらかといえば，これから学習にとりかかるときに力を発揮する自己効力感（やればできるという思い），さらにこうした認知や感情と正反対となる無気力（やる気がない状態）をアセスメントする項目を紹介したい。

H 充実感と自尊感情と自己有用感

充実感尺度としては，青年期のもの（大野，1984）がよく知られている。ただ，大学生用で文言が難しいので，この尺度を参考に，代表的でわかりやすい項目を筆者が作成した。ただ，これも①人生や生活全般に関する充実感と②学習に関する充実感に分けて作成した。

(1) **人生や生活全般に関する充実感**──①日々，生きがいを感じている。②充実した生活をしていると思う。③自分の人生は有意義だと思う。④自分の人生には価値があると思う。⑤将来が楽しみである。⑥毎日が退屈である（逆転項目：反対の意味の項目）。⑦自分には打ち込めるものがある。⑧わたしを理解してくれる友達がいる。⑨生まれてきてよかったと思う。

(2) **学習に関する充実感**──①日々，生き生きと学んでいる。②学ぶことは，自分の将来につながっていると思う。③学ぶことに充実感を感じている。④クラスメイトと一緒に学ぶことが嬉しい（楽しい）。⑤学んでいてよかったなあ，と思うことが多い。⑥将来の目標に向けて学んでいる。⑦学ぶことは有意義だと思う。⑧学ぶことはよりよい社会を作ることの基礎になると思う。⑨学ぶことは素晴らしい。

どうだろう，やや多いだろうか。こうした項目に対して，「あてはまる」「まああてはまる」「あまりあてはまらない」「あてはまらない」といった選択肢で問えばよいと思う。

自尊感情（self-esteem）については，有名な質問紙（Rosenberg, 1965）が存在し，筆者も日本語版を作成している（桜井，2000）。日本語版の作成時には，やさしいことばで表現することに留意した。小学生でも高学年ならば使用できると思う。ここではそれを表4-3に示した。

自尊感情は「自己肯定感」と表現されることも多くなっている。ローゼンバーグ（Rosenberg, 1965）によれば，自尊感情には2つの異なった側面があるという。それは，個人が自分を「これでよい（good enough）」と感

表4-3　ローゼンバーグの自尊感情尺度の日本語版（桜井, 2000）

自分の気持ちにもっともよく当てはまる数字を○で囲んでください。

	いいえ	どちらか といえば いいえ	どちらか といえば はい	はい
1．私は自分に満足している。	1	2	3	4
2．私は自分がだめな人間だと思う。 （R）	1	2	3	4
3．私は自分には見どころがあると 思う。	1	2	3	4
4．私は，たいていの人がやれる程 度には物事ができる。	1	2	3	4
5．私には得意に思うことがない。 （R）	1	2	3	4
6．私は自分が役立たずだと感じる。 （R）	1	2	3	4
7．私は自分が，少なくとも他人と 同じくらいの価値のある人間だ と思う。	1	2	3	4
8．もう少し自分を尊敬できたらと 思う。（R）	1	2	3	4
9．自分を失敗者だと思いがちであ る。（R）	1	2	3	4
10．私は自分に対して，前向きの態 度をとっている。	1	2	3	4

注）(R) は逆転項目であることを示す。
　　得点は右側の選択された数字のとおりである（ただし，逆転項目は逆に得
　　点化する）。

じる側面と，個人が自分を「とてもよい（very good）」と感じる側面である。彼の尺度は前者を測定しているといわれるが，項目内容をみると，後者と関係しそうな項目もあるように思う。前者の側面は自己肯定感や自己受容感と表現してもよいが，後者は自己有能感に近いと考えられる。

さらに近年，自己有用感ということばが散見されるようになった。筆者も栃木県総合教育センターにおいて，自己有用感尺度（栃木県総合教育センター，2013）の作成に協力した。そのときの自己有用感は「他者や集団との関係のなかで，自分の存在を価値あるものとして受け止める感覚」と定義された。自尊感情を「自分自身を基本的に価値あるものとする感覚」（ローゼンバーグのいう2つの側面からみると，後者に重点があるように思う）と定義する心理学辞典があり，この自尊感情の捉え方からすると，上記の自己有用感の定義は，自尊感情の社会的側面と位置づけることができるであろう。

さて，自己有用感のアセスメント項目を紹介しておこう。基本的には，①わたしは，○○の役に立っていると思う，②わたしは，○○の重要なメンバー（一員）であると思う，③わたしは，○○から信頼されていると思う，といった3項目で十分であろう。○○という部分には，対象となる人や集団が入り，子どもの場合には①家の人や家族，②クラスメイト，③（担任の）先生，などを入れるのがよいであろう。こうした項目に対して「そう思う」「少しそう思う」「あまりそう思わない」「そう思わない」というような選択肢を設けて尋ねればよい。得点化したいと考える方は，「そう思う」を3点，「少しそう思う」を2点，「あまりそう思わない」を1点，「そう思わない」を0点とすれば，3項目の合計では0～9点までの範囲で得点が分布することになり，統計的な処理も可能となろう。

Ⅰ　自己効力感

自己効力感は「やればできるという自信」であるが，学習領域に限らず，社会（友人関係）領域，運動領域，一般的な自分（自己）についての効力感尺度が，筆者らによって作成されている（桜井・桜井，1991）。ここではその項目例を紹介しておこう（表4-4参照）。こうした項目に対して，

表 4 - 4　児童用領域別効力感尺度の項目例 (桜井・桜井, 1991)

〈学習領域〉
　5. その気になれば，授業の内容はたいてい理解できると思う。
　21. 学校の成績は，いくら努力しても，良くならないと思う。(R)

〈社会 (友人関係) 領域〉
　10. その気になっても，友だちを作ることはむずかしいと思う。(R)
　18. どんなにがんばってみても，きらいな友だちとは仲よくなれないと思う。(R)

〈運動領域〉
　3. がんばれば，体育の成績は良くなると思う。
　19. 練習すれば，いままでできなかった運動もできるようになると思う。

〈自己〉
　12. がんばれば，明るい未来がひらけると思う。
　20. 現在不幸ならば，どんなにがんばっても，不幸は続くと思う。(R)

注) (R) は逆転項目を示す。

(原典によれば)「いいえ」「どちらかといえばいいえ」「どちらかといえばはい」「はい」というような選択肢を設定して尋ねればよいであろう。詳しくは原典を参照してほしい。なお，有能感についても，上記の尺度と同様に，領域に分けて有能感を尋ねる尺度 (桜井, 1992) が開発されているので，参考にしてほしい。

J　無気力

　無気力とは気力がない状態であるが，ここでは，生活全般に関する無気力と，学習に関する無気力に分けて捉えたい。本書のテーマは学習意欲なので，学習に関する無気力を中心にしているが，そうした無気力がその他の領域にも広がり生活全般にわたるようになると，かなり重篤といえよう。

　ここでは，嶋田・戸ヶ崎・坂野 (1994) の小学生用ストレス反応 (ストレッサーによって生じる不適応反応) 尺度や岡安・嶋田・坂野 (1992) の中学

生用ストレス反応尺度を参考にして，項目をあげてみた。

(1) **生活全般に関する無気力**——①何事にも自信がない。②体から力が湧いてこない。③やる気がしない。④なにもかもいやだと思う。⑤学校に行く気がしない。⑥未来に希望がもてない。

(2) **学習に関する無気力**——①勉強が手につかない。②勉強をしても根気が続かない。③難しいことを考えることができない。④勉強に集中できない。⑤頭の回転がにぶく，考えがまとまらない。⑥勉強に自信がない。

こうした項目に対して「まったくあてはまらない」「少しあてはまる」「かなりあてはまる」「非常にあてはまる」といったような選択肢を設けて，尋ねればよいと思う。

なお，自分や自分の将来に期待がもてない，という「絶望感」についての研究もある。上記の生活全般に関する無気力の⑧番目の項目にも登場しているが，絶望感は無気力がさらに進行する要因になると考えられる。絶望感のアセスメント項目には以下のようなものがある（桜井，1989参照）。参考になれば幸いである。①これから先は，悪いことばかり起こると思う。②自分がほんとうにやりたいことは，できないと思う。③大きくなれば，いまの自分よりも幸せになれると思う（逆転項目）。④1回目にうまくいかないことは，その後もずっとうまくいかないと思う。⑤将来ほんとうに楽しいことなどは，望めないと思う。

これらは人生や生活全般にわたる絶望感であるが，学習に特化した絶望感をアセスメントする項目も作成できると思う。トライしてみてほしい。

(5) その他

図2-3（p. 24）であげている要因に「安心して学べる環境」があるが，このアセスメント項目をまだ紹介していない。以下で簡単に紹介しよう。

K　安心して学べる環境

　子どもの場合，安心して学べる環境として重要なのは，家庭と学校（教室）である。そこで，この2つの環境に分けて，櫻井（2009）を参考に，項目を作成してみた。

(1) **安心して学べる家庭**――①家には落ち着いて勉強できる場所がある。②家の人は宿題がうまくできないと助けてくれる。③授業でわからないことがあると，家の人に聞くことができる。

(2) **安心して学べる教室**――①教室では落ち着いて授業を受けられる。②授業でわからないことがあると，クラスメイトに聞くことができる。③授業でわからないことがあると，先生に聞くことができる。

　こうした項目に「いいえ」「どちらかといえばいいえ」「どちらかといえばはい」「はい」というような選択肢を設けて，尋ねてみればよいと思う。

　これまで多様な選択肢が登場したが，頻度に関するものを除けば，基本的には「はい－いいえ」と「あてはまる－あてはまらない」の2種類に分類することができる。前者の系列は，比較的やさしい選択肢であり，小学校低学年でも使用できる。一方，後者の系列は，自分にあてはまるかどうかを考える必要があり，自己認識がかなり進まないと使用が難しい。通常は小学校高学年以降で使用される。また，選択肢の数であるが，小学校段階では4つ程度，中学校段階では7つ程度であろうか。とくにきまりはない。また，選択肢が偶数か，奇数か，を気にする研究者もいる。奇数の場合は真ん中の選択肢があり，白黒（はい－いいえ）をはっきりさせない人がこの選択肢を選びやすいという。とくに昔の日本人にはその傾向があったとされ，研究者のなかには現在でもその傾向を排除するために，偶数の選択肢を好む者もいる。

第5章 学習意欲に関連する理論

① 学習意欲に関連する理論とは

　学習意欲に関連する理論はたくさんあるが，本章では本書のテーマである自ら学ぶ意欲に関連する理論を，大きく4つに分けて紹介したいと思う。

　1つめは，筆者の恩師であるアメリカ・ロチェスター大学のデシ先生とライアン先生が主導されてきた「自己決定理論 (self-determination theory：SDT と略す)」である。この理論は，人間の動機づけに関する基本的な理論で，文字通り人間が学ぶことや働くことなど多くの活動において，自己決定すること（別の表現をするのであれば，自律的〈autonomous〉であること）が，高いパフォーマンスや精神的な健康さらには幸福感をもたらすとする理論である。当初は4つのミニ理論（櫻井，2009参照）で構成されていたが，すぐ5つ（櫻井，2012参照）となり，そして現在では6つに増え，とても大きな理論となっている。筆者の自ら学ぶ意欲の考えはこの理論から大きな影響を受けたといえる。デシ先生は高齢を理由に研究の第一線からは退かれたようである。とても残念であるが，後進に期待したい。

　2つめは，「達成目標理論 (achievement goal theory)」である。この理論では人間を「有能さを求める存在」と捉える。そして，有能さを実現・証明するために設定する目標（これが達成目標である）の種類によって，その後の態度，行動，感情，適応などが左右されると予想する。当初は学習関連の達成目標が中心に研究されたが，現在では対人関係の達成目標に

ついても研究が進められている。目標の設定とその有り様という点で，自ら学ぶ意欲と関連するところが多い。

3つめは，「期待×価値理論（expectancy-value theory）」である。これは，目標が達成される主観的な見込み（期待）と目標の達成によってもたらされる主観的な望ましさや魅力（価値）によって動機づけ現象を説明しようとする多くの理論の総称であり，ここでは，価値理論としてエックルズ（Eccles, 2005）の価値づけ，期待理論としてバンデューラ（Bandura, 1977, 1986, 1997）の結果期待と効力期待，そしていずれの流れもくむ理論としてワイナー（Weiner, 1972, 1979, 1985）の原因帰属に基づく達成動機づけ理論を紹介する。本書のテーマである自ら学ぶ意欲との関連でみると，価値づけは目標設定の際に重要な役割を果たし，効力期待（自己効力ともいう）は意欲の大きさ（エネルギー）として意欲の始発や維持に重要な役割を果たすものといえる。さらに，ワイナーの達成動機づけ理論は，「自ら学ぶ意欲のプロセスモデル」（第2章）における“振り返り”の場面で，成功・失敗の判断後に生じる原因帰属や，その原因帰属によって左右される有能感や充実感（満足感）の発生と大いに関連している。

最後の4つめは，「自己調整学習（self-regulated learning）」に関する理論である。本書で提唱している「自ら学ぶ意欲のプロセスモデル」では，この理論の研究成果を大いに参考にしている。当初のモデル（櫻井, 2009）は，自ら学ぶ意欲のうちでも内発的な学習意欲をメインにしていたが，今回のモデルでは，自ら学ぶ意欲のうちでも自己実現のための学習意欲をメインにしたため，自己調整学習の研究成果は大いに参考になった。メタ認知的な活動を重視する今後の学習研究では不可欠な理論といえる。

② 自己決定理論

この理論は既述のとおり，6つのミニ理論で構成されている。それらは提唱された順序に，①認知的評価理論（cognitive evaluation theory），②有機的統合理論（organismic integration theory），③因果志向性理論

（causality orientations theory），④基本的心理欲求理論（basic psychological needs theory），⑤目標内容理論（goal contents theory），⑥対人関係動機づけ理論（relationships motivation theory）の6つである。詳しく説明すると膨大なページ数を必要とするため，ここでは概要を述べるに留めたい。英語が得意な方は自己決定理論に関する最新の著書（Ryan & Deci, 2017）が刊行されたので，ご覧いただければよいと思う。

（1）認知的評価理論

　内発的な学習意欲に関する理論である。もっとも初期の理論で，デシ先生が世界的な心理学者としてデビューするきっかけとなった理論でもある。外的な報酬（例えば，ご褒美）によって，内発的な学習意欲が低下する現象（アンダーマイニング現象）をおもに理論化している。従来は，学習がうまくできたときにご褒美が与えられれば，学習意欲は高まるものと予想されていた（いまもそう思っている人は多いかもしれない）が，こと内発的な学習意欲に関しては，ご褒美によって内発的な学習意欲が低下することが示され，こうした常識を覆す研究成果を理論化したのがこの理論である。説明原理はとても簡単で，もともと自発的になされていた"おもしろく楽しい"学習に対して，強制的にご褒美が与えられると，当該学習はご褒美を得るための手段と化し，他者からやらされているという被統制感が高まると同時に本来のワクワク感が低下し，ご褒美がなくなると当該学習をしなくなる，というものである。子育て場面にあてはめていえば，子どもが本来的にもっている内発的な学習意欲（その子の主たる興味・関心）の芽を摘まないように，親や教師は子どもが主体的に行っている活動に対しては，たとえさらに意欲的に活動するようになってほしいとの思いを込めた対応だとしても，ご褒美で釣るようなことはしないほうが得策ということである。

　なお，近年，アンダーマイニング現象が脳内の活動という点からも解明されつつある。村山ら（Murayama et al., 2010）によると，金銭的な報酬を与えられる前（内発的な意欲が高い状態）では，前頭葉と大脳基底核とが連動して活動していたが，金銭的な報酬を得た後（他律的な意欲が高い状

態）ではそうした活動はほとんどみられなくなったという。脳内の認知処理の中枢である前頭葉と，価値計算や感情コントロールの中枢である大脳基底核とが協同することによって，内発的な学習意欲が支えられていると考えられる。

なお，上記の研究のように，心理学の世界でも，心理現象と脳内活動との関係が調べられるようになってきた。さらに，欧米では心理現象と，DNAや遺伝との関係も調べられる時代に入ってきており，今後の研究成果がとても楽しみである。

（2）有機的統合理論

これは，前項の認知的評価理論と対をなす，外発的な学習意欲に関する理論である。結果的には，外発的な学習意欲だけでなく無気力や内発的な学習意欲を含め，無気力→外発的な学習意欲→内発的な学習意欲と変化する過程（筆者はこの一連の流れがすべて正しいとは考えない）を，自律性の程度によって段階づけることになった（図5−1参照）。この理論で注目したい点は，外発的な学習意欲を自律性の程度によって4つ（データ的には3つ）の調整スタイル（段階）に分類し，"外的"と"取り入れ的"（調整）スタイルを合わせて「他律的動機づけ」，"同一化的"と"内的"（統合的と内発的を合わせて"内的"と表現することが多い）スタイルを合わせて「自律的動機づけ」としたこと，さらにそれらの機能について仮説を提示したことであろう。ただ，筆者としてはすでに述べたように，同一化的調整スタイルは自己実現のための学習意欲に，内的調整スタイルは内発的な学習意欲にほぼ対応するため，この2種類の調整スタイルをまとめて「自律的動機づけ」と称することにはやや抵抗がある。内発的な学習意欲はそれほど自律的ではないからである（第1章参照）。なお，調整スタイル（段階）の概要については図5−1をご覧いただくとともに，詳しい内容については，第4章3（1）Aを参照してほしい。

筆者が関わった近年の研究（西村・河村・櫻井，2011）では，中学生を対象にした場合，同一化的調整スタイル（自己実現のための学習意欲に対応）は，メタ認知方略を介してのちの学業成績を促進するが，外的調整スタ

第5章　学習意欲と関連する理論

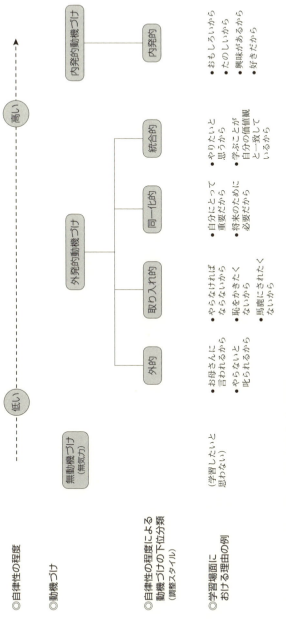

図5-1　自律性の程度による学習意欲の分類 (櫻井, 2012)

イルは何も介さずに直接のちの学業成績を抑制することが示された。また，西村・櫻井 (2013) では，中学生を対象にすると，自律的動機づけ (内発的な学習意欲と自己実現のための学習意欲) が高いほど学校での適応がよいことが示された。一般的には，同一化的調整スタイル (自己実現のための学習意欲) は学業成績を促進し，内的調整スタイル (内発的な学習意欲) は学校適応や精神的な健康を促進するという結果が多く報告されているようだ。

なお，この理論は学習意欲だけでなく，子育て，思いやり (向社会的) 行動，スポーツや宗教行動など多様な行動に対する意欲のあり方にも適用されている。

（3）因果志向性理論

これは，動機づけに関するパーソナリティ理論である。図5-1にも示されている①無動機づけ (無気力)，②他律的動機づけ (外発的動機づけの外的調整と取り入れ的調整)，③自律的動機づけ (外発的動機づけのうちの同一化的調整と統合的調整，ならびに内発的動機づけに対応する内発的調整) を，それぞれパーソナリティ特性 (順に，非自己的志向性，他律的 (被統制的) 志向性，自律的志向性) として理論化したものである。大人用として表5-1のような測定尺度も開発されている。当初筆者は，こうしたパーソナリティ的な発想や理論化に興味はなかったが，いまではこのうちの自律的なパーソナリティ (自律的志向性) を育てること，すなわち学習や仕事にとどまらず日々の多くの行動に対して自律性を発揮できる人間を育てること，こそが大事なような気がしている。

（4）基本的心理欲求理論

人間の基本的な心理欲求に関する理論である。自己決定理論のなかでは4番目に (実際には「基本的欲求理論 (Basic Needs Theory)」として) 登場したミニ理論であるが，もっとも基本的・基礎的な理論といえる。人間の基本的な心理欲求として，①有能さへの欲求 (need for competence)，②自律性の欲求 (need for autonomy)，③関係性の欲求 (need for relatedness)

第5章　学習意欲と関連する理論　*87*

表5-1　一般的因果志向性尺度（日本語版）の項目例と採点法

（田中・桜井，1995）

1〜12の下線の文章を1つずつ読んで，そのような状況が，あなたに起こったと仮定してください。そして，①〜③の行動（考え）が，あなたにどの程度当てはまるか，右下の表にそって当てはまる数字に〇をしてください。正しい答えとか，間違った答えとかはありませんから，思った通りに答えてください。

　　　1……全く当てはまらない
　　　2……少し当てはまる
　　　3……かなり当てはまる
　　　4……よく当てはまる

1．あなたはしばらく勤めていた会社で，新しいポストへの異動が決まりました。あなたは最初に，どんなことを考えたり，思ったりしますか。

①新しいポストでその責務がはたせなかったらどうしよう，と　［1－2－3－4］
　不安になる。(I)

②新しいポストで，今より良い仕事ができるかどうかと考える。［1－2－3－4］
　(C)

③新しい仕事が，自分にとって興味深いものかどうか，知りた　［1－2－3－4］
　くなる。(A)

注）12個ある状況のうちひとつを掲載した。①〜③の末尾についている(A)は自律的志向性，(C)は他律的志向性，(I)は非自己的志向性を示す。採点は1〜4の数字がそのまま得点になる。

を仮定し，これらが充足されることによって人間は健康で幸福に生きられる（仮説1）と理論化した。この3つの欲求のなかでは，関係性の欲求，すなわち周囲の人たちと信頼関係を築き維持していきたいという欲求が，もっとも新しく加わった欲求である。さらにこの理論では，こうした欲求は普遍的なものであるため，世代や性別や文化を超えて誰にもあてはまらなければならない（仮説2）と理論化している。櫻井（2009）のレビューによれば，これら2つの仮説は支持される方向にあるという。ただ，この3つの欲求の充足だけで，人間はほんとうに生き生きと幸福に生きられるのかといえば，まだはっきりしない。こと学習に関していえば，従来よく指摘されている"知的好奇心"（波多野・稲垣，1971，1973）は基本的な心理欲求の重要な要素ではないかと筆者は思う。

表 5-2 基本的心理欲求充足尺度の項目例
（西村・櫻井，2015 をもとに著者作成）

●有能さへの欲求の充足
　・私は学校での様々な活動によって，自信を得ていると思う。
　・私は自分の能力や力を高めるために多くのことをやりとげていると思う。
●関係性の欲求の充足
　・私はまわりの人と友好的な関係を築いていると思う。
　・私はまわりの人から大切にされていると感じている。
●自律性の欲求の充足
　・私は自分の意見や考えを，自分から自由に言えていると思う。
　・私は人から言われずに，自分で決めて行動していると思う。

　また，近年は3つの欲求充足のバランスのよさについても検討が始められている。シェルドンとニエミエク（Sheldon & Niemiec, 2006）は，バランスのとれた欲求充足（balanced need satisfaction）という概念を用いて，3つの欲求のうちどれかひとつが突出して充足されるよりも，3つの欲求が同程度に充足されるほうが精神的に健康であると主張している。ただ，筆者は親子関係や教師と子どもの関係を観察していると，バランスも重要であるが，関係性の欲求がまず充足され，つぎに有能さへの欲求が充足され，そして最後に自律性の欲求が充足される，という充足の順序（あるいは発達の順序）も重要であるように思う。この考え方が正しければ，自律性の欲求が充足されていれば，ほかの欲求もほぼ充足されている，と考えられる。今後，大いに検討してみたい。

　なお，欲求充足の尺度も開発されている。一例として表5-2に，西村・櫻井（2015）の中学生用の「学校場面における基本的心理欲求充足尺度」の項目例をあげておく。もちろん，これらの欲求充足と学校適応の間には予想どおりのポジティブな関係が得られている。

（5）目標内容理論

　人生目標（life goal or aspiration：将来目標ともいう）のもち方によって，基本的心理欲求の充足のされ方が異なり，その結果，精神的な健康や幸

福感にもそれなりの影響を及ぼすとするのがこの理論である。まさに，基本的心理欲求理論の応用編である。

人生（将来）目標は「自律的な人生（将来）目標」と「他律的な人生（将来）目標」（自己決定理論では内発的と外発的という表現を使うが，筆者としては既述のとおり理論的な整合性から，自律的と他律的を使用する）に分けられる。これらの詳しい内容は第4章3（1）Bを参照してほしい。

大事なことは，自律的な人生（将来）目標をメインに追求することによって，達成に向けて努力している段階でも，目標が達成された段階でも，精神的に健康であり幸福感も高いということである。他律的な人生（将来）目標をもってはいけない（誰でもある程度はもって追求している）ということではないので，その点には留意する必要がある。また，他律的な人生（将来）目標によるネガティブな効果は日本の中学生ではあまり強くないこと（西村・鈴木・村上・中山・櫻井，2017）もわかってきている。

（6）対人関係動機づけ理論

最近登場したもっとも新しいミニ理論である。まだ発展途上の理論であるが，親友や恋人などの親しい他者や所属集団との関係の影響について，基本的心理欲求の充足の観点から論じた理論である。これも目標内容理論と同様に，基本的心理欲求理論の応用編であり，とくに関係性の欲求に焦点をあてた理論といえる。デシとライアン（Deci & Ryan, 2014）によれば，他者との質の高い関係は，関係性の欲求を充足するにとどまらず，自律性の欲求も充足し，さらには有能さへの欲求もわずかながら充足するとしている。今後の発展が楽しみである。

③ 達成目標理論

人間を，有能さを求める存在として捉え，その有能さを実現・証明するために設定する目標，あるいは消極的に（少々やらしいのであるが），無能さを露呈しないようにうまく隠蔽し有能であるかのように見せるための目標が，達成目標といえる。達成目標研究の流れはほかの著書（櫻井，

2009 など）に譲るとして，ここではもっともポピュラーな考え方を紹介したい。なお，以下の説明では学業に関する達成目標を扱うが，近年は対人関係における達成目標も研究されている。

近年，達成目標研究を牽引してきたのは，アメリカ・ロチェスター大学のエリオット（Elliot, A. J.）であるが，彼（Elliot, 1997, 1999）によれば，2つの軸によって4種類の達成目標を考えることができるという（表5-3参照）。

軸のひとつは，成功への接近か，失敗の回避かという有能さ（無能でないこと）を示す方法の軸である。もうひとつは個人内評価あるいは絶対評価か，相対評価（いわゆる相対評価のほかに，達成目標研究の初期の概念化により，他者から肯定的な評価を得ること，あるいは否定的な評価を避けることも含

表5-3　エリオットによる達成目標の分類（櫻井，2009）

有能さの定義* (definition)	有能さの値 (valence)	
	正（成功接近）	負（失敗回避）
個人内・ 絶対（評価）	・課題の熟達，学習，理解に着目 ・自己の成長，進歩の基準や，課題の深い理解の基準を使用 【熟達接近目標（従来の熟達目標）】	・誤った理解を避け，学習しなかったり，課題に熟達しないことを避ける ・課題に対して正確にできなかったかどうか，よくない状態ではないかという基準を使用 【熟達回避目標】
相対（評価）	・他者を優越したり打ち負かすこと，賢くあること，他者と比べて課題がよくできることに着目 ・クラスで一番の成績をとるといった，相対的な基準の使用 【遂行接近目標】	・劣等であることを避けたり，他者と比べて愚かだったり頭が悪いと見られないことに注目 ・最低の成績をとったり，教室で一番できないことがないように，相対的な基準を使用 【遂行回避目標】

注）　＊「評価基準」を意味する。

む）か，という評価の基準の軸である。この組み合わせによって，表5-3に示されているような，①熟達接近目標，②熟達回避目標，③遂行接近目標，④遂行回避目標，が設定できる。

典型的な項目としては，①では「以前の自分よりもよくできるようになりたい（個人内評価）」「設定した目標をクリアしたい（絶対評価）」，②では「以前の自分よりもできないことを避けるようにしたい（個人内評価）」「設定した目標がクリアできないことを避けるようにしたい（絶対評価）」，③では「他者と比べてできるようになりたい（相対評価）」「他者からできる人とみられるようにしたい（他者の肯定的な評価を得る）」，④では「他者と比べてできないことを避けるようにしたい（相対評価）」「他者からできない人とみられないようにしたい（他者からの否定的な評価を避ける）」があげられる。

こうした枠組み（多くの場合，②は使用しない）を用いた研究結果を概観すると，熟達接近目標を強くもつ子どもは，学業成績がよいし学校適応もよいが，遂行回避目標を強くもつ子どもは反対に，学業成績が芳しくなく学校適応もよくないことがわかっている。遂行接近目標については，結果が一定しておらず，おそらく自分に自信のある人は遂行接近目標がうまく働き成績や適応がよいが，自信がない人はおおむね反対の結果になるものと予想されている（櫻井, 2009 など参照）。いわゆる "もろ刃の剣" のような目標といえる。効果的に作用する条件を検討することが必要である。本書のテーマである自ら学ぶ意欲との関連で考えるならば，熟達接近目標との関連が強いものといえる。

④ 期待×価値理論

（1）エックルズの価値づけ

学習することが「自分にとって大切で意味のあることだ」と思えないと，すなわち学習に何らかの有意義な価値を認めない（価値づけができない）と，学習しようという気持ちにはならないであろう。エックルズ（Eccles, 2005）は，学習に対する価値として，①達成価値，②内発的価値，

③利用価値，そして④コストをあげている（表5-4参照）。このうち，②の内発的価値はまさに内発的な学習意欲の源となる価値であり，①の達成価値と，③の将来の目標達成にどの程度役立つかという利用価値は，まさに自己実現のための学習意欲の源となる価値である。①から③のような価値によって，子どもが日々の学習行動にポジティブな価値づけを行えば，豊かな意欲が湧いてくるであろう。一方，④のようなコスト（負担や労力）によってネガティブな価値づけを行えば，学習することは大きな負担となり，学習にはとても時間がかかる，などとの判断にいたり，意欲は湧いてこないであろう。

　ただ，学習することが重要である，楽しい，将来役立つと思えても，学習がうまく進められない，うまくできそうにない，と思ってしまえば，意欲は湧いてこない。それゆえ，価値づけだけではなく「自分でできそうだ」「自分でもやれば（努力すれば）できる」というような期待をもつことも重要となる。意欲には方向と大きさがあるとの話をしたが，まさに方向としての価値づけ，大きさとしての期待，の掛け算（すなわち，期待×価値）によって，学習意欲は規定されているといえる。

表5-4　価値づけの種類 (Eccles, 2005；黒田，2010)

達成価値……課題をうまく解決することが自分にとってどれくらい重要か
　　　　　　例）数学で良い点を取ることや数字が得意であることは自分にとって重要である。

内発的価値…課題をすることがどのくらい楽しいと感じられるか
　　　　　　例）数学の勉強をすることは楽しい。

利用価値……課題をすることが，現在の生活や将来の目標の達成にとってどのくらい役立つか
　　　　　　例）数学の勉強をすることが日常生活に役立つ，将来理系の大学に進むために必要である。

コスト………課題をするためにどのくらいのコスト（負担や労力）がかかるか
　　　　　　例）数学は難しく，理解するのに時間がかかる。
　　　　　　例）一生懸命頑張れば良い成績がとれるが，一生懸命頑張ることが負担である。

（2）バンデューラの効力期待と結果期待

　期待とは，将来こういったことが起こりそうだ，という見込みのことである。ある行動によって望ましい結果が得られそうだ，というポジティブな期待（結果期待：結果に対する期待）が生じれば，その行動は始発され持続される可能性が高い。例えば，この課題を成し遂げればよい成績がもらえそうだ，と思えれば，課題を成し遂げるための学習行動が始発され持続されるであろう。ただし，このような結果期待が強い場合でも，当該の学習行動がうまく遂行できるという期待（効力期待：効果的に遂行できるという期待）がなければ，学習行動は始発されたとしても最後まで持続されることは難しいであろう。

　バンデューラ（Bandura, 1977）は，上記のように，期待には結果期待（outcome expectancy）と効力期待（efficacy expectancy）があり，行動の遂行・持続・達成にはいずれもが重要であるとした。ただ，結果（成果：達成の結果として何かを得ること）に依存することが必ずしもよいことではないとしたら，学習行動にとっては効力期待（うまく行動できるであろうという期待）のほうがより重要であるように思う。効力期待は「自分は〜することができる」という効力感を表すものであり，自己効力感（self-efficacy）とよばれることも多い。

　なお，有能感は「自分は〜ができる」という認知・感情であるが，自己効力感はその先にある動機づけ的な要素が強く，「自分は（やれば）〜ができる」という気持ちといえる。

（3）ワイナーの達成動機づけ理論（原因帰属理論）

　卓越した基準で物事を成し遂げたいという意欲は「達成動機」といわれる。そして，それが発現する一連の過程は，ワイナー（Weiner, 1972, 1979, 1985）によって，図5-2のようにまとめられている。

　達成動機よって学習活動が始発・持続され，やがて成功あるいは失敗という結果に終わる。成功・失敗の原因を何かに求める（帰属する）ことを原因帰属というが，ワイナーの理論では，成功・失敗についての原因

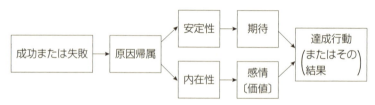

図 5-2　ワイナーによる達成動機づけに関する原因帰属理論の流れ
(Weiner, 1972 を改変：櫻井, 2009)

帰属がその後の感情（価値の一部）や期待，さらには行動に影響を及ぼすという点が特徴的である。成功の原因を「頭がよい（能力や才能がある）から」と，自分の内側にある（内在的）安定した（安定的）要因に帰属すると，有能感や誇りといった肯定的な感情が生まれやすく，つぎもうまくいくであろうという期待も高まるという。一方，失敗の原因を「運が悪かったから」と，自分の外側にある（外在的）変動する（変動的）要因に帰属すると，驚きや悲しみは生まれても無能感や自責の念は生まれにくく，つぎもうまくいかないであろうという（負の）期待もそれほど高まらないという。成功・失敗によって生じる成功感情（嬉しさや喜び）や失敗感情（落胆や憂鬱）のほかに，こうした原因帰属に基づく感情や期待によって，のちの行動は大きく左右されるのである。一般的に，成功は能力や普段の努力（いずれも内在的で安定的な要因），失敗は運（外在的で変動的な要因）や一時的な努力不足（内在的であるが変動的な要因）に帰属することが望ましいといわれる。

　自ら学ぶ意欲のプロセスモデル（第 2 章）との関連では，振り返りにおける原因帰属がこのような働きをするものと想定している。

⑤　自己調整学習に関する理論

　自己調整学習とは，第 2 章で紹介したとおり「学習者が，メタ認知，動機づけ，行動において，自分自身の学習プロセスに能動的に関与している学習」(Zimmerman, 1989) である。自己調整学習研究会 (2012) などの自己調整学習に関する一連の著作をみると，自己調整学習とは，これまで

の多分野における研究成果を統合し，子どもたちが効果的に学習できるように考案された学習方法の総称であるように思う。ここでいう「効果的」とは，適切な学習方略やメタ認知的方略を自発的に使用して，という意味である。

本節では，ジマーマンとモイラン（Zimmerman & Moylan, 2009）と塚野（2012）を参考に，自己調整学習のプロセスを巧みにまとめた「循環的段階モデル（cyclical phase model）」を簡単に紹介したい。図5-3にその概要を示したので，ご覧いただきたい。このモデルは3つの段階で構成され，それらは①予見の段階，②遂行の段階，③内省の段階，である。この順序でフィードバック・ループを構成して，効果的な学習が進行するものと想定されている。

予見の段階では，学習の目標（長期の目標や短期の目標）設定と学習のプ

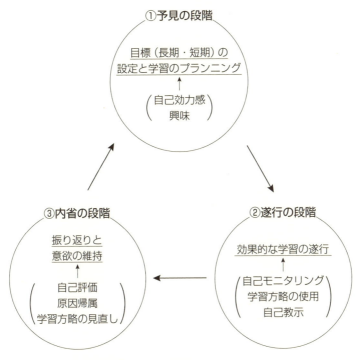

図5-3　自己調整学習の3つの段階

ラニング（方略の計画など）が行われる。学習を遂行する前の準備段階であり，目標を立て，意欲を喚起し，効果的な学習遂行のためにどのような方略を使用するか等を決める。意欲的に課題に取り組むには，自己効力感（やればできるという気持ち：前節で説明のとおり）や課題への興味（内発的な学習意欲や内発的価値・利用価値など：前節で説明したとおり）があると望ましい。

　こうした準備ができると，つぎの遂行の段階に進む。まさに効果的な学習を行う段階である。自己調整学習でとくに強調される多様な「方略」を巧みに使用して，学習課題をスムーズに解決できれば望ましい。ここで使用される方略は表5-5に示されている方略が中心となる。自己モニタリングによって，使用している方略が適切でないということになれば，新たな方略の使用へと自己調整する。自己教示によって自分を鼓舞することも必要であろう。なお，表5-5には，遂行の段階以外で使用される方略も掲載されているので注意されたい。

　遂行の段階のつぎは，内省の段階である。この段階では遂行結果を目標に照らして自己評価して成功・失敗を判断するほか，どうして成功あるいは失敗したかを考え，原因帰属をすることもある。原因帰属については前節で説明したが，これによってその後の期待（自己効力感）や感情，学習行動などが影響を受ける。また，自己評価に基づき，つぎの学習に向けて方略の見直しも行われる。自己効力感が高く，学習への興味・関心が衰えなければ，予見の段階に進み好循環が繰り返される。

　なお，本書における自ら学ぶ意欲のプロセスモデル（図2-3参照：p.24）の作成では，自己調整学習研究の知見に基づき，旧モデル（省略したものは図2-4：p.30）を大幅に修正した。自己実現のための学習意欲を意識すると，その修正は必要不可欠であったといえる。自己調整学習の研究に感謝したい。ただ，この分野については浅学な筆者であるが，自己調整学習についてのモデルは，与えられた学習課題の効果的な解決のためには有効であるが，学習者自らが課題を見つけ，その課題を能動的に解決するためのモデルとしては，改善の余地があるように思うが，どうだろうか。

表5-5　ピントリッチの自己調整学習方略のリスト
(Pintrich et al, 1993；伊藤，2012)

上位カテゴリー	下位カテゴリー	方略の内容
認知的方略	リハーサル	学習内容を何度もくり返して覚えること
	精緻化	学習内容を言い換えたり，すでに知っていることと結びつけたりして学ぶこと
	体制化	学習内容をグループにまとめたり，要約したりして学ぶこと
	批判的思考	根拠や別の考えを検討すること 批判的に吟味して新たな考えを得ようとすること
メタ認知的方略	プランニング	目標を設定し，課題の分析を行うこと
	モニタリング	注意を維持したり，自らに問いかけたりすること
	調整	認知的活動が効果的に進むように継続的に調整をはかること
リソース管理方略	時間管理と環境構成	学習のプランやスケジュールを立てて時間の管理をすること 学習に取り組みやすくなるように環境を整えること
	努力調整	興味がわかない内容やむずかしい課題であっても取り組み続けようとすること
	ピア・ラーニング	仲間とともに学んだり，話し合ったりして理解を深めること
	援助要請	学習内容がわからないときに教師や仲間に援助を求めること

最後に，上記で紹介した4つの理論における学習意欲の源となる要因を，個人要因と環境要因に分けて的確にまとめた表（黒田，2010）があったので，筆者が微調整をして掲載した（表5−6）。4つの理論の概要を把握したり，比較したり，さらには各理論に沿って子どもの学習意欲を育むときに大いに参考になると思う。

表5−6　学習意欲に関する4つの理論（黒田，2010を著者一部改変）

理論の種類 / 学習意欲の源	学習への期待や価値を重視する理論（期待×価値理論）	子どもの主体性や好奇心を重視する理論（内発的動機づけ理論*）	学習の目標を重視する理論（達成目標理論）	学習活動の調整を重視する理論（自己調整学習理論）
個人要因	・期待：自分の行動に結果がついてくる（がんばれば報われる）という期待 ・価値：達成感や誇りの感情，学習の重要性の認識	・自律性：自分のことは自分でするという自発性 ・有能感：自分はできるという自信 ・知的好奇心：学習への興味・関心	・熟達目標：目標は，以前よりできるようになること（進歩が目標）	・学習方略：勉強のやり方（目標と計画の設定や修正を含む）を考えて学習を進めること ・モニタリング：学習活動を監視し，柔軟に変えること
環境要因	〈学習の内容〉 ・解決できる（または，能力より少し上のレベルの）課題をすること ・生活や将来にかかわる内容であること	〈人間関係〉 ・学習活動を温かく支えること（関係性の欲求の充足） 〈学習の内容〉 ・疑問を抱かせる課題であること	〈学校・家庭の環境〉 ・結果ではなく，プロセスを評価すること	〈学習の指導法〉 ・勉強のやり方を教えること ・振り返りをすること

＊現在はおもに自己決定理論に含まれる。

第6章 自ら学ぶ意欲がもたらす成果

1 自ら学ぶ意欲がもたらす成果とは

　内発的な学習意欲と自己実現のための学習意欲，すなわち自ら学ぶ意欲がうまく働けば，①学業成績の向上，②健康の増進，③創造性の伸長，④働く意欲の促進，などがその成果としてみられることが知られている（櫻井，2009参照）。ここでは，最新の研究に触れながら，そうした自ら学ぶ意欲がもたらす成果について，上記の①〜③を中心にまとめることにする。④については適宜言及する。

　ただ，自ら学ぶ意欲の効果は子どもに限定されたものではない。そこで，最近研究が進んでいる「教師の教科指導学習動機」（教師が授業の準備をする動機）についても取り上げる。教師が子どもにある教科を教える際には，その内容や指導法などについて事前に学習（予習）をしておく必要がある。いわゆる授業のために準備をする動機（意欲）のことを「教科指導学習動機」という。この動機（意欲）の自律性の程度によって，教師の授業力や精神的な健康が影響されることが知られている。さらに，大人を対象にした就業動機（意欲）の影響についても簡単に取り上げることにする。働くことについてもその動機（意欲）の自律性の程度によって，就業行動や精神的な健康が影響を受けるという。

2 成績の向上

　子どもの学業成績やその質の向上に関する研究は多い。また，大人の

仕事の業績に関する研究も行われている。大人の業績に関する研究は，つぎの第3節「健康の増進」のところで一緒に紹介したいと思う。

第2章の「自ら学ぶ意欲のプロセスモデル」の検討では，小中学生を対象にデータが収集された。その際，小学6年生122名と中学1年生222名の合計344名には，主要4教科あるいは主要5教科の成績についての自己評定も求められた。分析の結果，自ら学ぶ意欲が高いほど，学業成績がよいことが示された。理由はよくわからないが，小学生では算数で，中学生では国語以外の教科で，こうした傾向がより強くみられた。

また，以前筆者ら（桜井・高野, 1985）は，中学1年生を対象に，内発的な学習意欲と学業成績との関係を検討した。この研究では，学業成績に大きな影響を与えると予想される知能（実際には知能偏差値：相対的な知能の程度）の影響を統計的にコントロールして，両者の関係をできるだけ正確に検討した。この点が大きな特徴といえる研究である。分析の結果，内発的な学習意欲が高いほど学業成績もよいことが確かめられた。また，桜井（1983）では中学1年生を対象に，学業に関する有能感と学業成績との関係を，桜井（1987b）では，小学4年生を対象に，学業に関する自己効力感と学業成績の関係を検討しているが，前の研究と同様に知能の影響をとり除いても，有能感や自己効力感（自ら学ぶ意欲の推進力となるもの）が高いほど学業成績はよいことが確認された。

以上はいずれも小規模な調査研究であるが，大規模な調査（ベネッセ教育研究開発センター, 2010）でも，自ら学ぶ意欲が高いほど学業成績がよいことが示唆されている。この研究では，小学生3561名，中学生3917名，高校生6319名（合計13797名）が調査協力者となった。中学生を対象に「勉強の取り組みと学業成績（自己評定）」の関係について分析した結果が図6-1に示されている。成績上位群では，テスト前の準備，テスト後の見直し，問題を解いた後の答えあわせ，さらに「親に言われなくても自分から勉強をする」といったような，自ら学ぶ意欲やそれに基づく学習行動が多くみられることがわかった。一方，成績下位群では，「どうしてこんなことを勉強しないといけないのかわからない」とか「上手な勉強の仕方がわからない」といったような，自ら学ぶ意欲を支える学習価値が習

第6章　自ら学ぶ意欲がもたらす成果　　101

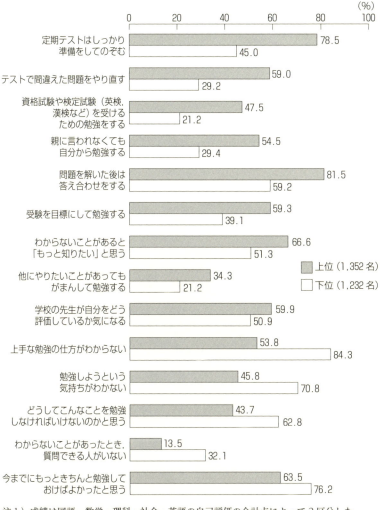

注1) 成績は国語・数学・理科・社会・英語の自己評価の合計点によって3区分した。
　　 図から成績「中位」を省いた。
注2)「とてもそう」+「まあそう」の%。

図6-1　勉強の取り組み（中学生・成績別）
　　　　（ベネッセ教育研究開発センター, 2010）

得されていないことや，適切な学習方略の使用がなされていないこと，さらに「わからないことがあったとき，質問できる人がいない」といったような，安心して学べる環境が用意されていなかったり，「勉強しようという気持ちが湧かない」といったような，すでに学習に対して無気力状態であったりすること，もわかった。成績の下位の子どもたちには，自ら学ぶ意欲がもてるように，自己理解を促し，その子なりの人生（将来）目標がもてるように支援すること，さらに自律的な学習を進めるために学習方略の適切な使用を指導したり，安心して学べる環境を用意したりすることも必要である。

　グロルニックとライアン(Grolnick & Ryan, 1987)によるアメリカの小学生を対象にした研究は，成績の質を検討した数少ない研究のひとつである。彼らは，小学生を2群に分け，ひとつの群には教科書に掲載されている短い文章を読むように教示した。もうひとつの群にも同じ文章を読むように教示をしたが，さらに後でテストをしてその結果を成績の一部にすることも付け加えられた。すなわち，後者はよい成績をとるため，あるいは少なくとも悪い成績をとらないために文章を読むような他律的な意欲づけがなされた群であり，それに比べると前者はそうした意欲づけがなく内発的な学習意欲が喚起されやすい群といえる。操作終了後，両群の成績を比較したところ，機械的な暗記（浅い理解）を問う問題では他律的な意欲づけをした後者の群のほうが優れていたが，学習内容の概念的な理解（深い理解）を問う問題では前者の群のほうが優れていた。ただ，1週間後の成績の再チェックでは，暗記問題における差はなくなっており，長い目でみると他律的な意欲づけをしなかった前者の群のほうが，成績の質においてとくに優れていると結論された。もちろん，暗記問題ばかりを課すようなテストが多い学校では，子どもたちは他律的に意欲づけられることによって，よい成績をとり続けることにもなるかと思う。質の高い学習を促進するためには，テスト問題についても配慮や工夫をすることが必要である。

　幼稚園児のときに測定された知的好奇心（内発的な学習意欲の源）が，小学1年次の学業成績を予測したという興味深い研究（稲垣, 1977）もある。

第6章　自ら学ぶ意欲がもたらす成果　　*103*

この研究では，幼稚園の保育者によって，子どもの知的好奇心（おもに情報収集活動）が評定された。そして，1年後の小学1年生および2年後の小学2年生（追跡調査）のときの学業成績（主要4教科の成績）が調査され，知的好奇心の高い子どもほど，1年後や2年後の小学校での学業成績もよいことが実証された。ただ，気をつけなければならないのは，幼児期の知的好奇心の影響は大きいものの，小学校での学業成績を規定するものはそれだけではないという点である。また，知的好奇心自体も多様な環境の影響を受けることは自明のことであり，その点で親や教師の関わりはとくに大事であると思う。

　さらに，最近の中学生を対象とした研究（西村・河村・櫻井, 2011）では，自ら学ぶ意欲のうちでも自己実現のための学習意欲は，メタ認知方略（例：勉強をしているとき，やっていることが正しくできているかどうか，確認する）を介して学業成績を高めること，またもっとも他律的な学習意欲（例：まわりの人からやりなさいと言われるから，学習する）は学業成績を低下させてしまうこと，が明らかにされている。なお，この研究では内発的な学習意欲は成績を高めることはなかった。

　代表的な研究をみてきたが，このほかにも多くの研究がある。櫻井（2009）でも指摘されているように，小学生・中学生・高校生では自ら学ぶ意欲が高いほど学業成績も高いことはほぼ確認されている。また，自己実現のための学習意欲のほうが内発的な学習意欲よりも，学業成績との関係は強いようである。自己実現のための学習意欲で，将来の目標をもって学習する場合のほうが，おもしろい・楽しいという思い（内発的な学習意欲）で学習をする場合よりも，学習行動が安定し，持続し，その結果将来の学業成績とも強く関係するということであろう。また，自ら学ぶ意欲のプロセスモデルでは，学習のプロセスが循環することが仮定されている。自ら学ぶ意欲が学業成績を高めるとともに，よい学業成績が自ら学ぶ意欲を高めるという効果も期待できる。

③ 健康の増進

　ここでいう健康とは，おもに精神的な健康，すなわち自尊感情や生活満足度が高く，不安や抑うつが低い状態を指す。本節ではそうした健康に及ぼす自ら学ぶ意欲の影響についてまとめるが，さらに自ら学ぶ意欲と関連するものとして，高校進学動機や大学生の進路選択に関わる「やりたいこと探し」の動機（進路選択動機），仕事に関する就業動機も取り上げ，これらが及ぼす健康への影響についても触れる。その際，研究によっては学業成績や仕事の業績に言及することもあるが，それは学業成績や仕事の業績によって健康状態が左右される可能性があるからである。

（1）自ら学ぶ意欲と健康

　前節の「成績の向上」のところでも同じような調査結果を紹介したが，第2章の自ら学ぶ意欲のプロセスモデルの検討では，追加的に中学1，2年生419名を対象に抑うつ尺度（黒田・桜井，2001）も実施し，自ら学ぶ意欲との関連を検討した。その結果，自ら学ぶ意欲が高い子どもほど抑うつ傾向が低いことが示された。自ら学ぶ意欲は子どもの精神的な健康を支えているものと考えられる。

　同じように中学生を対象とした研究（西村・櫻井，2013）では，中学生442名を対象に，自ら学ぶ意欲と学業適応との関係を検討した。学業適応の指標としては，学習に関する有能感，メタ認知的方略（例：勉強しているときに，やっていることが正しくできているかどうか確認する）の使用，学業不安，無気力，学業ストレスを測定した。分析の結果，学習意欲が自律的である（内発的な学習意欲＋自己実現のための学習意欲）ほど，学業適応がよいことが確認された。グループ分け（クラスター分析）をして，どのようなグループがもっとも適応的なのかを検討すると，学習意欲の自律性が高く他律性が低いグループにおいて，学業適応がもっともよいことが示された。小学校の高学年生を対象とした研究（Yamauchi & Tanaka, 1998）でも，学習意欲の自律性が高いほど，子どもの自尊感情は高いことが示

されている。

　さらに，小学生を対象にしたユニークな研究もある。ひとつは桜井・高野 (1985) の研究で，彼らは小学6年生3クラス112名を対象に，内発的な学習意欲と小学校での状態不安 (ある時点での不安：これに対して常態としての不安は「特性不安」という) との関係を検討した。状態不安の測定は，①朝の学級会のときと，②3時限目の授業のとき (国語1クラス，算数2クラス) の2回行った。分析の結果，内発的な学習意欲の高い子どもたちは，いずれの測定時でも不安は低かったが，内発的な学習意欲の低い子どもたちは，3時限目の授業時間においてのみ，不安が高かった。すなわち，内発的な学習意欲が高い子どもほど，学校で安心して授業が受けられるものと考えられる。

　もうひとつは，グロルニックとライアン (Grolnick & Ryan, 1987) の研究である。彼らはアメリカの小学5年生を対象に，学習意欲の自律性と健康との関係を詳細に検討した。最初に，子どもたちは質問紙によって，自律的な学習意欲が高い群と他律的な学習意欲が高い群に分けられた。そして，子どもたちを担当する教師によって，そうした子どもたちの学習意欲の高さを評定したもらったところ，いずれの群においても高いという結果が得られた。さらに子どもたち自身にも努力の程度を評定したもらったところ，いずれの群でも，自分たちはよい成績をとるためによく努力していると回答した。続いて，精神的健康 (学習への興味，テスト不安の低さ，失敗に対する適切な対処法など) が比較・検討されたが，自律的な学習意欲の高い群のほうが明らかに高いことが示された。こうした結果から，単なる学習動機の高さや努力の程度では，子どもがほんとうに健康かどうかはわからなく，精神的に健康かどうかは，学習意欲の質 (自律性の程度) に大きく依存することが明らかになった。

　最後に，大学生や専門学校生を対象とした研究 (例えば，Niemiec et al., 2006：Rudy et al., 2007) について簡単にまとめると，自ら学ぶ意欲が高いほど精神的に健康であった。

　以上のような研究より，結論としては，自ら学ぶ意欲が高いほど精神的に健康であるといえよう。ただ，バートンら (Burton et al., 2006) の小

学生を対象とした研究では，内発的な学習意欲が高いと肯定的な感情をもちやすいが，自己実現のための学習意欲が高い場合は，学業成績がよいときにのみ，肯定的な感情をもつことが示された。自己実現のための学習意欲は条件付きで精神的健康に貢献するらしい。この点については今後の詳細な検討が必要である。

　自ら学ぶ意欲と健康との関係については上記の説明のとおりであるが，もう2つ，関連する研究を紹介しておく。ひとつは，永作・新井（2005）による，高校進学動機と高校での学校適応に関する研究である。彼らは高校1年生を対象に，高校への進学が自律的な理由に基づいている（例：高校というものが楽しそうだから，校風がよいと思ったから）のか，それとも他律的な理由に基づいている（例：普通は高校に行くものだから，高校に行かないと恥ずかしいから）のかを測定する尺度（自律的高校進学動機尺度：永作・新井，2003）と，高校での学校生活の楽しさや人間関係の満足度（学校適応）に関する質問紙を実施し，短期縦断的にそれらの関係を検討した。分析の結果，高校1年の5月に測定した高校進学動機の自律性が高かった高校生は，その年の10月，翌年の5月の学校適応がよかった。高校に自律的な進学動機で入学すると，短くても1年程度は学校適応がよいことが明らかになった。この研究は縦断的な研究なため，因果関係がはっきりしており，優れた研究といえる。

　もうひとつは，萩原・櫻井（2007）の大学生の進路選択動機と適応に関する研究である。彼らは，進路選択に関わる「やりたいこと探し」の動機の自律性を評価できる尺度を作成し，その自律性の程度と日本版GHQと主観的幸福感尺度によって精神的健康を測定し，両者の関係を分析した。その結果，自律性の高い動機（例：やりたいことができれば楽しいから，打ち込めるものを見つけたいから）でやりたいこと探しをしていた大学生は，精神的に健康であることが明らかになった。

　なお，第4章で取り上げ，本節の（3）でも述べるが，子どもの人生（将来）目標との関係を扱った研究（西村・鈴木・村上・中山・櫻井，2017）も進められている。他律的な人生（将来）目標よりも自律的な人生（将来）目標をもつほうが，精神的な健康は良好であるとの仮説のもと，中学生を対

象にして人生（将来）目標の尺度を構成し（第4章参照），生活満足度との関係をみた。その結果，自律的な人生（将来）目標がポジティブな影響を与えることは確認されたが，さらに他律的な人生（将来）目標がそれほどネガティブな影響を与えていないこと，もわかった。今後は，こうした人生（将来）目標の影響の程度を"発達的に"検討することが必要であると思う。高校生くらいになると自己理解が進み，将来展望が開け，人生（将来）目標の影響がはっきり表れてくるのかもしれない。

（2）教師の教科指導のための学習動機と健康

就職してからも，仕事や生活のことで学習することは多い。生涯学習の時代といわれる現在，新たな知識やスキルを獲得しないと，しっかりと仕事をすることも，快適で有意義な人生を送ることも難しいといえる。ここでは，教師の教科指導に焦点をあて，教科指導のための学習意欲と健康との関係について検討した研究を紹介する。

三和・外山（2015）は，教師の教科指導に対する学習意欲を測定する尺度を作成し（研究1），現職教師と教育実習経験学生の学習意欲の比較（研究2）と，教師のワークエンゲイジメント（仕事に対するポジティブな感情や認識で，職業適応感ともいえる）と学習意欲との関係（研究3）を検討した。

その結果，教科指導に対する学習意欲（学ぶ理由）は6種類が確認された。それらは，①授業の準備をすることが面白いからという"内発的動機づけ"，②授業の準備をすることも仕事の一部だからという"義務感"，③子どもに確かな学力を身につけてほしいからという"子ども志向"，④ほかの先生から認められたいからという"承認・比較志向"，⑤授業がうまくなりたいからという"熟達志向"，そして⑥なぜ授業の準備をするのかまったく考えたことがないという"無関心"であった。このうち"子ども志向"と"熟達志向"の得点が比較的高く，現職の教師としては望ましい結果といえる。なぜならば，自律性の観点からは，①と③と⑤が高いことが望ましいと考えられるからである。

つぎに，現職教師と教育実習経験学生との比較では，教育実習経験学生（とくに教師になることを強く志望している学生）のほうが"承認・比較志

向"の得点が高く，教師をめざしている学生の気持ちを大いに反映しているものと考えられる。また，教師のワークエンゲイジメントとの関係では，"内発的動機づけ""子ども志向""承認・比較志向"がポジティブに影響していた。"内発的動機づけ"と"子ども志向"は自律性の高い理由であり，これらが高いと職業適応感も高いという関係は納得できるものといえる。"承認・比較志向"については，その理由がよくわからない。新任の教師がもちやすい理由と思われるが，一生懸命仕事に打ち込んで仕事で認められようとすることが職業適応感につながっているのであろうか。

この研究の続編として，三和・外山 (2016) は，教師を①小学校の新任教師と②中・高等学校の新任教師に分け，教科指導の学習動機と教職という仕事に対する有能感や健康との関係を検討した。教師を2つの群に分けたおもな理由は，教科担任制かどうか，すなわちある教科を専門に教えているかどうかであった。分析の結果，小学校の教師は"内発的動機づけ"と"子ども志向"，中・高等学校の教師はそれに加えて"熟達志向"が，授業力の自己評価 (例：子どもの反応や変容に気づき，授業に活かしている) に影響し，さらにその評価が子どもの授業態度の認知 (例：先生の話を一生懸命聞く) を介して有能感と健康に影響していることが明らかになった。

こうした一連の研究でも，教師の教科指導という仕事における学習動機の自律性が健康に寄与する可能性の高いことがわかってきている。

（3）仕事への就業動機と健康

前項では，教師の教科指導のための学習意欲に限定して研究を紹介したが，ここでは仕事をしている理由，いわゆる就業理由の自律性と健康との関係についてみていく。

デシら (Deci et al., 2001) は，ブルガリアやアメリカの会社従業員を対象に，職業風土 (上司の言動や職場の雰囲気が従業員の自律性を支援するものかどうか：第5章で紹介した「目標構造」に近い概念)，仕事への関与度，健康の指標として不安，自尊感情などを測定した。分析の結果，自律性を支援

する職業風土があると，仕事への自律的な関与度が高まり，不安が少なく，自尊感情が高まることが示唆された。

　カナダでは，リッチャーら (Richer et al., 2002) が，ある大学の卒業生を対象に，1年の間隔を置いて2回の調査 (縦断調査) を行った。測度のなかには，他者との関係性，有能感，仕事への純粋な興味，就業動機の自律性，職業満足度，情緒的消耗度，離職・転職の意図，離職・転職行動 (2回目の調査のみ) が含まれていた。他者との関係性がよく，有能感があり，仕事への純粋な興味がある人は仕事に自律的に関わっており，職業満足度が高く，情緒的消耗度は低かった。さらにこうした人は離職・転職の意図が低く，1年後にも離職・転職する人が少なかった。

　なお，ここで使用されている職業「満足度」は，永作・新井 (2005) の研究でも人間関係の「満足度」として登場しているが，その理解には注意が必要である。満足度とは，要求するもの (求めているもの) が低ければ，その達成は容易であり，達成されれば一定の満足度が得られる。しかし，要求するものが高ければ，その達成は難しく，達成されなければ満足度は低い。すなわち，満足度は欲求するものの高さ (いわゆる要求水準) に強く影響されるということである。このような点から，"意識的に" 求めるもの (要求水準) を低く設定すれば，比較的容易に満足度は高まるものといえる (櫻井, 2010)。また，他者と比べることも満足度に影響する。同じような要求水準で仕事が達成できたとしても，自分よりも劣っている人も達成できた場合には満足度は下がることが予想される。

　就業動機に関する研究では，警察官を対象としたオティスとペルティア (Otis & Pelletiar, 2005) の研究も興味深い。彼らはカナダ・ケベック州の警察官を調査対象とし，上司の部下 (調査された警察官) へのサポート行動，就業動機の自律性，日常的なストレス，身体の不調，仕事の継続意図を測定した。分析の結果，上司のサポート行動 (おもに自律性のサポート) が多いと認識している警察官は，仕事をする動機が自律的であり，ストレスが少なく，仕事を継続する気持ちが強かった。この研究でも，就業動機の自律性がストレスの少ない健康な状態に寄与しているものと考えられる。

最後に，人生（将来）目標の自律性が健康に及ぼす影響についての基本的な研究を紹介しておく。カッサーとライアン（Kasser & Ryan, 1993, 1996）は，アメリカの大学生や社会人を対象に，自律的な人生（将来）目標を強くもつ人のほうが，他律的な人生（将来）目標を強くもつ人よりも，自己実現傾向が高く，バイタリティ（活力）があり，抑うつと不安が低く，病気の身体症状が少ないことを明らかにした。1993年の論文には "A dark side of the American dream" との衝撃的なタイトルがつけられており，アメリカン・ドリームを達成したとしても，それがおもに他律的な人生（将来）目標（例えば，幼い頃ひどくばかにした人を有名になって見返してやりたい）によって達成された場合には，幼い頃に夢見ていたような幸せにはなれない，ということを暗示している。

④ 創造性の伸長

考えること，すなわち思考（thinking）は，与えられた問題に対してひとつの解答を見つけるような「収束的（集中的）思考」と，与えられた情報のなかから新しい知識や問題を発見するような「拡散的思考」とに分けられる。このうち，拡散的思考によって，独創的でかつ有用な結果を生み出す能力のことを創造性（creativity）という（長谷川, 2008）。創造性は，学業成績にも一定の影響力をもつとされる（海保, 1986）。ここでは，アメリカでの2つの研究の流れと，筆者が関わった研究を紹介する。

アメリカでの研究の流れのひとつはアマビルによるもの（Amabile, 1979, 1982a, 1985；Amabile et al., 1986；Contin et al., 1995）である。彼女は，実験研究によって，他律的な意欲をもたせるように操作した群（他律的な意欲が高い群）は，そうした操作をしない群（自律的な意欲が高いと思われる群）よりも，創造性が低いことを示した。例えば，大学生を対象に芸術作品を課題として，他者からの評価の影響を検討している（Amabile, 1979）。その結果，他者による評価がない群のほうが，他者による評価がある群（技術的な評価群および創造的な評価群）よりも創造性が高かった。彼女は課題や条件を変えていくつかの実験（Amabile, 1982a, 1985；Amabile et al., 1986；Continet al., 1995）を行ったが，いずれの実験でも創造性を高めることはできなかった。

　個人的には，実験的に自律的な意欲を高める操作は難しく，さらにその成果として創造性が高まることを示すことはより難しいように思う。彼女が示せたことは，他律的な意欲を高める操作をした群では，そうした操作をしない群よりも創造性が低いということにつきる。自律的な意欲を高めることによって創造性が高まるかどうかは，今後の大きな課題である。

　アメリカでの研究のもうひとつの流れはアイゼンバーガーによるもの（Eisenberger & Armeli, 1997；Eisenberger & Selbst, 1994；Eisenberger et al., 1998）である。彼は，実験研究によって，創造性が高く評価される方法（どうすれば創造性が高いと評価されるか）がわかれば（訓練されれば），他律的な意欲を高めると創造性が高まることを示した。例えば，小学生を対象に，拡散的思考を用いた訓練を行う群と行わない群を設け，外的報酬が創造性に及ぼす影響を検討している（Eisenberger & Selbst, 1994）。訓練を受けた群では，外的報酬によって他律性が高められても，創造性が高まることが示された。この実験では，訓練によって，どうすれば創造性得点が高まるか（スキル）を学習することができ，そして，外的報酬によってそのスキルがよく用いられたために創造性が高まったものと考えられる。同様な実験（Eisenberger & Armeli, 1997；Eisenberger et al., 1998）が繰り返され，同じような結果が確認された。

　2つの研究の流れより，創造性に影響するのは，課題に対する意欲のあり方と創造性を高めるスキルの有無，の2点であるように思う。課題に対する意欲では，少なくても他律的に動機づけされると創造性は低下するが，創造性を高めるスキルについては，そのスキルがあれば他律的に動機づけられると創造性は高まる，とまとめることができそうである（櫻井，2009 参照）。

　アメリカの研究だけでは物足りないので，最後に筆者らの研究（及川・西村・大内・櫻井, 2009）を紹介しておこう。彼らは大学生を対象に，大学生用の自ら学ぶ意欲測定尺度（櫻井・大内・及川, 2009）とＳ−Ａ創造性検

査を用いて，両者の関係を検討した。詳しいことは及川ら（2009）を参照していただきたいが，結論としては，自ら学ぶ意欲が高いほど創造性は高いことが示された。ただ，創造性の研究にはよくあることであるが，あまり明確な結果ではないため，今後さらなる検討が必要である。何しろ，創造性の測定は難しい。

　以上の研究をまとめると，まだ研究数は少ないものの，課題への意欲という点では他律的に動機づけられないほうが創造性は高いようである。ただ，課題そのものが芸術的なものが多いため，いわゆる一般的な学習課題においてもそうしたことがいえるかどうかは，今後の研究を待つしかない。また，創造性を高めるスキルを獲得している場合には，他律的に動機づけられても創造性は高まるようである。創造性の測定がかなり難しい課題となるが，この2つの観点を統合するような理論研究や実験研究を期待したい。

第7章 自ら学ぶ意欲の育て方

１ 学習意欲を育てるとは

　自ら学ぶ意欲を育てることは簡単なことではないが，筆者が現在考えている育て方について，最近の研究成果を適宜取り上げながら，まとめることにする。この育てるという行為は，見方を変えれば，自ら学ぶ意欲の形成・維持にポジティブな影響を与える要因を促進し，ネガティブな影響を与える要因を抑制する行為にほかならない。いわば自ら学ぶ意欲の規定因を探究し，それらをうまくコントロールするという行為である。そこで本章では，第2章で示された「自ら学ぶ意欲のプロセスモデル」（図2-3：p.24）に沿って，「安心して学べる環境」と「情報」の関連要因について，4つに分けて説明する。

　1つめは，発達に関する要因である。第3章において，自ら学ぶ意欲の発達と関連する要因について詳しく述べたので，ここでは現在のところ理論通りにはうまく発達していないと思われるデータを提示し，その対応策について述べたいと思う。

　2つめは，対人関係に関する要因である。これはおそらく「安心して学べる環境」のなかでもっとも重要な要因である。親や教師，仲間の影響についての最近の研究成果から示唆されることをまとめてみたい。

　3つめは，報酬と評価の要因である。第5章の認知的評価理論（自己決定理論のなかでもっとも有名なミニ理論）で説明したように，内発的な学習意欲に大きな影響を与える報酬と評価の上手な用い方についてまとめたいと思う。

4つめは，養育・教育に関連した要因である。おもに養育者（おもに母親）と教師の子どもへの関わり方を中心にまとめることにしたい。

なお，筆者はこれまでも自ら学ぶ意欲やその一部の内発的な学習意欲の育て方について，著作の一部や雑誌などで自身の考えを述べてきた。ここでは取り上げない点にも言及しているので，それら（とくに桜井，1997；櫻井，2009）も参考にしていただけるとありがたい。

そして，最後に，ここでどうしても取り上げておきたいことがある。それは，語弊を恐れずにいえば，「自ら学ぶ意欲がすべてではない」ということである。筆者のこれまでの著書（おもに桜井，1997；櫻井，2009）では，自ら学ぶ意欲を育てることにのみ焦点があてられてきた。しかし，それではいけないのではないか，と思うようになった。

よく考えてみると，いくら個性としての興味・関心（特殊的好奇心：内発的な学習意欲）が大事だからといっても，子どもがそれだけに偏した学習をしていたのでは，その他の必要なことを学習する機会が失われ，子どもの健全な発達・成長は妨げられてしまうのではないか。実際に，筆者の小学校時代のクラスメイトのひとりにはそのような傾向がみられた。また，自己実現のための学習意欲がとても強くて，そのための学習がその子の学習のすべてとなってしまうような場合にも，周囲の状況がまったく目に入らず，対人的な問題が生じる可能性が高いのではないか。大学生のなかにもこのようなタイプのものが見られるように思う。結局，いくら自ら学ぶ意欲（内発的な学習意欲と自己実現のための学習意欲）が大事とはいっても，行き過ぎた状態は問題であろう。「過ぎたるはなお及ばざるがごとし」なのである。

さらに，翻って考えてみれば，他律的な学習意欲にも，それなりの存在意義はあるのではないかと思う。もともと子どもは意欲的だといわれるが，小学生の頃は，一度意欲がしぼんでしまうとなかなか復活できないのも事実である。さらに進んで，無気力になってしまうことも少なくない。そうしたときに，外的報酬（ご褒美）や称賛を与えることは大事な対応であり（本章4で後述），この時期すなわち他律的な学習意欲の時期は，自ら学ぶ意欲へ復帰するための一過程として位置づければよい

のである。それに，すべての学習を自ら進んで行うということは基本的に無理であると思う。

　こうしたことに関わって，親や教師の子どもへの対応にも注意が必要である。子どものすべての学習は，内発的な学習意欲や自己実現のための学習意欲に基づくべきだと強く思い込み，子どもを息苦しいまでに"自発性を強要した学習"に追い込んでしまってはいけないと思う。また，子どもに完璧を望んでもいけない（大谷・桜井，1995；桜井，2004，2005；桜井・大谷，1997）。親や教師にも，子どもと同様に余裕がほしい。そして子どもが本来もっているその子なりの学習意欲を信じることが大切であろう。援助やサポートも，基本的には子どもから求めてきたときに与えるほうがよいであろう。過保護や過干渉は問題である。学習にのめり込む子どもを，ときには「気晴らし」に誘うようなことも必要である。

　「自ら学ぶ意欲がすべてではない」ということ，心得ていてほしいと思う。それでは，自ら学ぶ意欲を育てる方法についてまとめよう。

② 発達に関連する要因

　発達に関連した要因については第3章で詳しく述べたので，ここでは，自ら学ぶ意欲の発達に関わる大きな問題を2点取り上げ，その対応策についてまとめることにしたい。

（1）自己実現のための学習意欲の低下と高校受験

　1つめの問題は，小学校から中学校にかけて，子どもたちの自ら学ぶ意欲が低下し，反対に他律的な学習意欲が高まる点である。筆者が関わった研究（西村・櫻井，2013）によると，小学5年生から中学3年生を対象に，第3章3（1）Aで紹介した学習意欲を分類する質問紙（西村・河村・櫻井，2011）を実施しその変化を調べたところ，内的調整（内発的な学習意欲に対応）と同一化的調整（自己実現のための学習意欲に対応）には徐々に低下する傾向が，一方，外的調整（もっとも他律的な学習意欲に対応）には徐々に高まる傾向がみられた。取り入れ的調整（やや他律的な学習意欲）にはい

ずれの変化もみられず，ほぼ一定であった。また，外的調整では，中学1年生よりも中学3年生のほうが高いという結果も示された。

　本来的な自ら学ぶ意欲の発達プロセス（第3章）に従うと，中学生は小学生よりも自己理解が進み，それに伴って自分の将来を展望できるようになり，萌芽的とはいえ人生（将来）目標をもって（そして自己実現のための学習意欲をもって），生き生きと学習を進められる時期に入るものと考えられている。しかし，現実には，自己実現のための学習意欲は小学生よりも低く，もっとも他律的な学習意欲（表4-1参照：p.66　具体的には，まわりの人がやりなさいというから，成績が下がると怒られるからなどの理由に基づく意欲）は高くなり，本来的な発達が順調に進んでいないことが示された。もっとも他律的な学習意欲については，中学1年生よりも3年生のほうが高く，このことから，おそらく中学校に入ると高校受験に伴うプレッシャーが強まり，人生（将来）目標をもって学ぶというよりも，親や教師からの「よい高校に入らなければいけない」ということばに反応して，仕方なく学ぶ（受験勉強をする）中学生が増えるのではないだろうか。

　中学校の先生に話を伺うと，子どもたちが将来を展望し人生（将来）目標を設定して意欲的に勉強するというのは理想であり，中学校時代には何よりも高校受験に成功するように（失敗しないように）指導することが大事である，と話される先生が多い。ただ，この時期に将来のことを展望し人生（将来）目標をもつことができないと，ひょっとしたら就職の直前まで，将来のことを真剣に考え，人生（将来）目標を設定する機会はないのではないかと考えてしまう。中学校におけるキャリア教育の重要性は，筆者は強調してもしすぎることはないように思う。

　さらに，なりたい職業があるかどうか，を尋ねたベネッセ教育研究開発センター（2010）の『第2回子ども生活実態基本調査報告書』によると，なりたい職業があると回答した子どもの割合は，2004年から2009年の5年間に，小学生で5.3ポイント（63.4%→58.1%），中学生で7.8ポイント（62.0%→54.2%），高校生に至っては16.2ポイント（66.8%→53.0%）の低下が示されている。調査時の経済状況などの影響を受けることを考慮しても，高校生の低下はとても大きいといえよう。いまの中学生や高校

生は，将来展望が難しくなっているのであろうか。中学生において人生（将来）目標をもつこと（そのためにはキャリア教育を受けること）がとても重要であることが確認されたように思う。

なお，筆者が大学院で指導した高地（2017）の研究によると，高校受験観が中学生の学習意欲に大いに影響しているらしい。彼はまず，中学生を対象に高校受験観を測定する質問紙を開発した。その質問紙は，①自己の成長（例：高校受験は自己の成長につながる），②勉強への誘導（例：高校受験がないと知識が身につかない），③将来への懸念（例：高校受験で合格しないと将来の就職先が限定される），④受験の苦労（例：つらいものである）という4つの下位尺度から構成された。高校受験観と学習意欲（西村ら，2011），学校や家庭での適応との関連を検討したところ，受験に対してポジティブな「自己の成長」という受験観は，内発的な学習意欲や自己実現のための学習意欲を媒介して適応に影響する一方，受験に対してネガティブな「勉強への誘導」「将来への懸念」「受験の苦労」といった受験観は，他律的な学習意欲を媒介して不適応に影響することがほぼ明らかとなった。

高校受験を「自己の成長」としてポジティブに捉えることができれば，さらにいえば，人生（将来）目標をもって自分が成長するひとつの機会として捉えることができれば，他律的な学習意欲ではなく自ら学ぶ意欲（とくに自己実現のための学習意欲）が促され，その結果として生き生きとした中学校生活が送れるのではないかと予想される。まずは適切な人生（将来）目標をもてるように指導することが大事である。

（2）等身大の有能感がもてないこと

もうひとつの問題は，小学生から高校生にかけて，何でもできるというような万能感が高く，等身大の有能感がもてないという点である。ベネッセ教育研究開発センター（2005，2010）による，第1回ならびに第2回の『子ども生活実態基本調査報告書』のなかに，とても気になるデータがみられる。それは，「やる気になれば，どんなことでもできる」という万能感を問うような項目に対する回答結果である。この項目に対して「とてもそう」あるいは「まあそう」と肯定的に回答した子どもの割合（2004

年の調査，2009年の調査の順）は，小学生（4～6年生）で67.5%→72.7%，中学生で70.3%→70.1%，高校生（1，2年生）では73.8%→69.7%となっている。2回の調査で大きな変動はなく，いずれの学校段階でも70%程度の子どもたちが万能感に近い気持ちをもっていることが明らかになった。成長しても，客観的な自己理解ができないのか，それとも客観的な理解を"非意識的に"嫌って（何でもできる自分でいたいという非意識的な思いが強く）夢を見ているのか，どちらかであるように思う。どちらにせよ，これでは職業選択に支障をきたすことは間違いないであろう。

第3章でも述べたが，とても重要なことなので繰り返しておきたい。中学校・高校段階における有能感の形成では，幼児期由来の「何でも（やれば）できる」という万能感ではなく，「これはできるが，これはできない」という客観的な自己理解に基づく「等身大の有能感」を形成することが大事である。そうでないと，自己理解に基づく適切な人生（将来）目標をもつことが難しい。客観的な自己理解を促すには，自分の学習などに対するポジティブな情報だけでなく，ネガティブな情報にも子どもが耳を傾けるような指導が必要である。とくに周囲の大人は，子どもとの信頼関係のもとにネガティブな情報も与えること，が必要であることに留意してほしい。人生は選択の連続である。ある人生（将来）目標を設定することは，ほかの人生（将来）目標を捨てることであり，勇気が要る。この勇気をサポートできるのは子どものまわりの教師，親，友達である。

③ 対人関係に関連する要因

（1）対人関係の基礎──安定した愛着の形成

対人関係の基礎は，おもに乳幼児期を通して形成される，主たる養育者（おもに母親）との安定したアタッチメント（愛着）である。スキンシップを伴った温かい養育行動が，子どものこころのなかに母親への絆を形成する。そして，子どものこころのなかには母親を筆頭とし「他者（自分を大切にしてくれる人）は信頼できること（他者信頼感）」と「自分はそうした他者から愛される存在であること（自己存在感，他者からの受容感）」という

信念が形成され，これが生きる力となる。安定したアタッチメントは，対人関係の基礎を築くだけでなく，大事な母親からことばを学び，知的能力を伸ばし，そして母親を安全基地にして探索活動を展開することによって好奇心を開花させてくれる。

（2）親に関する要因

親子関係が，子どもの自ら学ぶ意欲の形成に及ぼす影響は計り知れない。筆者が関わった研究（櫻井，2016）では，幼児（幼稚園の年中と年長）と児童（小学1〜3年生）の学習意欲（おもに内発的な学習意欲）に及ぼす子育て関連要因の影響が検討された。ここでは紙面の関係上，幼稚園児の結果のみを紹介する。

この研究では「保護者（おもに母親）の自尊感情や発達観や育児感情」→「保護者の養育行動」→「子どもの学ぶ意欲（内発的な学習意欲）」→「子どもの成績」という因果モデルに沿って，子どもの保護者と幼稚園の保育者を対象に質問紙調査が実施された。子どもの学ぶ意欲と成績は幼稚園の保育者によって評定された。おもな結果は図7-1のとおりである。

保護者の自尊感情（自己肯定感）やポジティブな育児感情（子育てにおける自己効力感や育児への肯定感）はポジティブな養育行動（子どもの主体性を活かす，温かく関わる，自信を育むなど）を促進した。一方，固定的な発達観（発達は生まれながらに決まっているという考え方）やネガティブな育児感情（育ちへの不安感や負担感）はネガティブな養育行動（物的報酬〈ご褒美を与える〉，スパンキング，感情的な叱責）を促進した。そして，ポジティブな養育行動は子どもの学ぶ意欲（おもに内発的な学習意欲：好奇心や粘り強さなど）を促進し，ネガティブな養育行動は学ぶ意欲を抑制した。さらに，学ぶ意欲は成績（言語，数量，運動の能力）を促進することが示された。

こうした結果から，保護者のもっている自尊感情や発達観，育児感情が具体的な養育行動となって子どもの内発的な学習意欲や成績に影響することがわかった。親自身が生き生きと生きていること，そして子どもの発達は親や子ども自身の努力によって報われると思えること，さらに育児に自信をもつこと，が大事であろう。また，奇しくも，何かができ

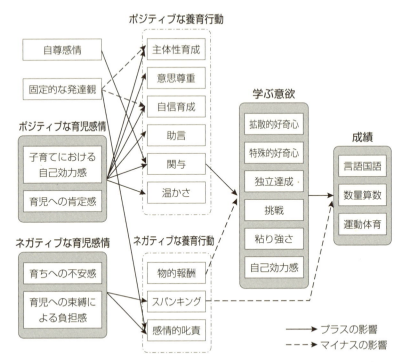

図7-1　母親の子育てが子どもの学ぶ意欲と成績に及ぼす影響（幼稚園）
　　　　　　　　　　　　　　　　　　　　　　　　　（櫻井，2016）

たらご褒美をあげるという養育行動（物的報酬）が，子どもの内発的な学習意欲にとってマイナスであることも実証された。従来の実験的な研究成果が調査研究でも実証されたといえる。

　また，オーソドックスな研究として，親の養育行動のタイプと子ども（小学校高学年）の内発的な学習意欲との関連をみた研究もある。桜井（1988）によると，親が支配的，拒否的，矛盾・不一致（矛盾とはひとりの親が時と場所によって子どもへの対応が異なること。不一致とは二人の親の間で子どもへの対応が異なること）タイプであると，子どもの内発的な学習意欲は低いことがわかった。この結果は，親が支配的であると子どもの自発性が奪われてしまうこと，親が拒否的であると温かい関与が期待できないために子どもが学習に打ち込めないこと，親が矛盾・不一致のタイプ

であると時と場所やどちらの親かによって異なる対応がなされるため子どもが混乱してしまうこと，を示唆しているように思う。いずれのタイプの場合も，子どもにとっては安心して学べる家庭環境がないものと考えられる。養育行動の研究で有名なバウムリンド（Baumrind, 1971）によると，望ましい養育行動とは，子どもの行為に必要な制限は加えるものの，基本的には子どもの自律性を支援する養育行動であるという。安心して学べる環境とは，子どもの自律性を温かく支援する環境であろう。

アメリカのグロルニックら（Grolnick & Ryan, 1989；Grolnick et al., 1991）の研究では，親による子どもの自律性の支援が取り上げられている。それらによると，親が子ども（小学生）の自律性を支援し温かく関わることによって，子どもの内発的な学習意欲，有能感，自律感が高められた。こうした研究を参考にして，わが国の大学生を対象に，高校時代および大学時代（現在）の親の養育スタイルと現在の因果律志向性との関係を検討した研究（桜井，2003）もある。その研究では，親に自律性を支援してもらっていると回答した大学生ほど，自律的なパーソナリティ傾向を強くもつことが明らかにされた。こうした一連の研究から，自律性を支援する温かい養育行動は，自律性を支援してもらっているという子どもの認知を生み出し，その結果として子どもの学習意欲でもパーソナリティでも自律性が高まるものと考えられる。表7-1には，自律性支援の認知に関する尺度項目例を示したので，参考にしてほしい。

最後に最近の興味深い研究（倉住・櫻井，2015）を紹介する。この研究では中学生を対象に，①親・教師・友人（いわゆる他者）との親密さ，②そ

表7-1　親からの自律性援助測定尺度の項目例（桜井，2003）

・私の親は，私が間違いをすると理由も聞かずに怒る。（R）
・私の親は，私が自分の意見に従わないと，まずその理由を考える。
・私の親は，私の意見を聞いてくれない。（R）
・私の親は，私が何か失敗しても，私を責めたりはしない。
・私の親は，私が決めたことを尊重する。

注）　項目の「親」の部分は，実際の質問紙では，父親用は「父親」，母親用は「母親」と置きかえる。（R）は逆転項目を示す。

うした他者がもっていると子どもが認知している学業への価値観（勉強は大切である，勉強は将来役に立つ，といった価値観：自己実現のための学習意欲が重要であるとする学業価値観），③学習意欲（有機的統合理論に基づく，内的〈内発的〉調整，同一化的調整，取り入れ的調整，外的調整）が質問紙によって測定された。そして，学習意欲に及ぼす①他者との親密さ，②他者がもっていると認知している学業への価値観，の影響が検討された。

　その結果，親との親密さが高いほど，また親が学業への価値観を高くもっていると認知するほど，子どもの自己実現のための学習意欲は高かった。さらに，この両者には交互作用がみられ，親が学業への価値観をより高くもっていると認知するほど，子どもの自己実現のための学習意欲はより高くなり，その程度は親との親密さが高いほど高くなる，というものであった。なお，他者が教師や友人の場合には，このような結果は一部にしかみられず，中学生にとって，自己実現のための学習意欲の形成に及ぼす親の影響は予想よりもかなり大きいといえるであろう。要約すると，親が自己実現のために学習することは大事であると思い，さらに子どもとの関係を良好に保てれば，子どもの自己実現のための学習意欲はうまく形成されるということである。

（3）教師に関する要因

　教師の役割も重要であることに変わりはない。

　アメリカのライアンら（Ryan & Connell, 1989；Ryan et al., 1994）の一連の研究によると，教師に対して信頼感や安心感をもっている中学生は，自ら学ぶ意欲が高かった。さらに同様の中高生は，向社会的な欲求も高く，「自ら学ぶ意欲のプロセスモデル」でも提案されているように，教師に対する信頼感や安心感は子どもの向社会的な欲求を促進し，その結果として自ら学ぶ意欲も促進される可能性が示唆されている。

　さらに，教師のリーダーシップとの関連をみた研究（Deci et al., 1981；杉原・桜井, 1987）によれば，教師が自律性を支援するタイプのリーダーシップを発揮する場合は，教師が子どもをコントロールしようとするタイプのリーダーシップを発揮する場合よりも，子ども（小学生）の内発的

な学習意欲が高く，教師がPM理論（三隅，1976）におけるM機能（クラスにおける人間関係を大事にする機能。ちなみにP機能はクラスの成績向上を重視する機能）を重視するリーダーシップを発揮する場合には，それをあまり発揮しない場合に比べて，子どもの内発的な学習意欲が高かった。

　教師の場合は，子どもとの信頼関係を築き，教室を安心して学べる環境にすること，さらに子どもの自律性を支援するリーダーシップを発揮することが重要であるように思う。

　また，実験室研究（Deci et al., 1982）ではあるが，教師が管理されると子どもへの教育も統制的になることが示唆されている。教師自身が自律的であることが，子どもに対する自律性支援でも重要な役割を果たすと考えられる。

（4）仲間に関する要因

　子どもの仲間（クラスメイト）や友人（友達，親友）の影響も見逃せない。今後，「対話的な学習」（協同学習やグループ学習など）が重要視されるようになると，クラスメイトとの関係のあり方がとくに注目されるであろう。クラスメイトとの関係の形成には教師の関わり方が大事である。

　最近注目されているのは，学級における社会的目標構造（social goal structure）の研究（大谷・岡田・中谷・伊藤，2016）である。学級における社会的目標構造とは，学級において強調され，共有されている社会的目標（対人的な有能さに関する目標）のことであり，この研究では，「向社会的目標構造」と「規範遵守目標構造」に分けている。向社会的目標構造とは，学級で強調される思いやりや互恵性に関して，達成することが望ましいとされる目標（例えば，このクラスでは相手の気持ちを考えることが大事にされています）であり，規範遵守目標構造とは，学級において強調される学級集団における規則や秩序を守るという目標であり，達成することが義務とされる目標（例えば，このクラスではルールやきまりを守ることができないのは，恥ずかしことだとされています）のことである。目標構造とは，簡単にいえば集団（この場合は学級集団）の目標であるが，エイムズ（Ames, 1992）は「教師の指導様式，学級風土，学校全体の教育政策がもつ特定の目標

を強調する特性」と定義している。

さて，大谷ら(2016)は小学5，6年生を対象に調査研究を行っているが，興味深いのは，向社会的目標構造が相互学習（例えば，お互いの得意な勉強内容を教え合う，興味のある勉強内容について話し合う，わからない問題を一緒に考えたり調べたりする）を媒介して，内発的な学習意欲や学業の自己効力感を促進できるという結果である。すなわち，他者を思いやる目標が学級内で共有されると，クラスメイトが相互に関わり合う学習（協同学習）が促進され，その結果として学習が面白くなり内発的な学習意欲が促進されたり，自分でもやればできるという自己効力感が高まったりする，というのである。筆者のモデルでは，向社会的欲求の影響として，自ら学ぶ意欲のなかに，人の役に立ちたい，社会に貢献したいというような向社会的な側面の意欲も含まれているが，ここで述べた向社会的目標構造もほぼ同様の役割を果たすものと考えられる。

さらに，社会的達成目標(social achievement goal)の研究(海沼, 2017)でも，クラスメイトとの関係において，自分をほんとうに理解してくれる友人をもつことや，友人との関係をさらに深めること，などを目標内容とする「社会的熟達接近目標」を強くもつ中学生は，仲間関係における充実感が高く，仲間を助けるような向社会的行動が多いという結果が得られている。こうした結果から，社会的熟達接近目標は，向社会的の目標構造と同様に，相互学習を促進し，自ら学ぶ意欲を高める効果をもつことが示唆される。

なお，クラスのなかでの子どもたちの仲間意識や信頼関係の構築・維持には，構成的グループエンカウンター(國分・片野, 2001；國分・國分, 2004)やピア・サポート(日本教育カウンセラー協会, 2001)といった手法の導入が効果的であるといわれる。初任の教師にも失敗することが少ないため，筆者も自身の経験から強く推薦したいと思う。

④ 報酬と評価の要因

報酬と評価の要因が，自ら学ぶ意欲（とくに内発的な学習意欲）にどのよ

うな影響を及ぼすのか，については多くの研究がなされてきた。奇しくも筆者は，こうした報酬が内発的な学習意欲に及ぼすメカニズムの研究で，教育学博士を取得することができた。ここでは，これまでの成果を簡単に紹介したい。詳しいことは櫻井（2009）などを参照してほしい。

（1）報酬という要因

報酬とは，物質的な報酬と言語的な報酬に分けることができる。物質的な報酬とはご褒美のことで，具体的には食べ物（チョコレート）や賞状，金銭が含まれる。言語的な報酬とはほめ言葉（称賛）のことで，具体的には「よくできたね」とか「すごいね」といったものが含まれる。これまでの研究（Deci, 1971；Lepper et al, 1973；桜井，1984, 1987, 1989a/b）によると，ほめ言葉は内発的な学習意欲を損なうことはなく，むしろ高める効果があると結論されている。一方，物質的な報酬は，図7-2に示されているように，無気力な状態や他律的な学習意欲が高い状態では，意欲を高める方向に作用するが，自ら学ぶ意欲（とくに内発的な学習意欲）が高い状態ではその意欲を削ぐ方向に作用する。前者のことは「エンハンシング効果」という。後者のことは第5章2（1）で既述したとおり「アンダーマイニング効果」という。

物質的な報酬については，幼児期前期（3歳くらいまで）においては自己認識能力が未熟なため，ネガティブな影響は少ないようである。その後は，与え方（報酬で釣って与えるようなことはしない）に注意する必要がある。たまに与える物質的な報酬（お土産やプレゼントなど）は問題がないと思う。言語的な報酬についてはそれを目的に学習をするようなことがなけれ

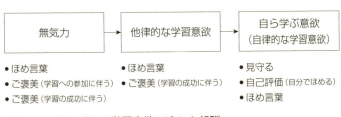

図7-2　それぞれの学習意欲に適した報酬

ば，内発的な学習意欲を高めることが多いと思う。

（2）評価という要因

評価は「評価の主体」と「評価の基準」によって分類することができる。評価の主体は，他者と自分（自己）である。他者が評価をする場合は他者評価といい，教師や仲間による評価が典型例となる。一方，自分（自己）が評価をする場合は自己評価という。評価の基準とは，成功・失敗の基準であり，集団の相対的な位置によってそれを判断する場合を相対評価，目標が達成できたかどうかで判断する場合を絶対評価あるいは到達度評価，自分の過去の成績と比べたり自分のほかの教科・科目の成績と比べたりする場合は個人内評価という。

これまでの研究（Butler ＆ Nisan, 1986；小倉・松田, 1988；鹿毛, 1990, 1992, 1993；鹿毛・並木, 1990）によると，子ども（おもに小学生以上）の場合，内発的な学習意欲にとって有効なのは，自己評価と絶対評価と個人内評価であるという。他者評価は一般に他者（おもに教師）にコントロールされているという意識をもつことから，内発的な学習意欲にはマイナスの効果があるとされる。ただし，筆者の授業を履修した大学生などの話によれば，学業成績のよい子どもの場合には，教師からの評価によってコントロールされているという被統制感はあまり感じられない，という。また，相対評価の場合には集団内で競争をさせられているという気持ちが起こりやすく，その結果としてコントロールされているという被統制感が高まることがある。この場合には，内発的な学習意欲にはマイナスの効果があるとされる。

なお，子どもの場合，教育の効果を評価・検証するために，教師による（他者）評価は必要不可欠である。学業成績のよい子どもは，被統制感をあまり感じないようだと述べたが，そうでない子どもにとっても被統制感を低くすることは可能であると思う。すなわち，教師と子どもの間に信頼関係が形成されれば，このマイナスの効果は少ないと考えられる。「先生はぼくのことを思ってこの評価をしてくれた」という気持ちが強く，さらに教師によって競争をさせられたという気持ちが弱ければ，教

師による他者評価は子どもにすんなりと受け入れられ，子どもの内発的な学習意欲にマイナスの効果を及ぼすことはきわめて少ないといえよう。むしろ，内発的な学習意欲を高める可能性もあるのではないか。

以上は，内発的な学習意欲を中心とする研究成果であるが，自己実現のための学習意欲（内発的な興味・関心に基づいて設定された人生目標の達成に向けて努力する学習意欲）にも，ほぼ同じことがあてはまるように思う。

⑤ 養育・教育に関連する要因

親や教師の関わりについては「3　対人関係に関連する要因」で述べたので，ここでは自ら学ぶ意欲を育てるうえで必要な養育や教育，またその今日的な課題についても，要点をまとめておきたい。第3章や本章の前の節と重複するかもしれないがご容赦いただきたい。

（1）乳幼児期における養育として

乳幼児期に大切なことは，①安定したアタッチメント（愛着）を形成すること，②応答する環境を用意すること，③感動体験や共感体験をすること，④基本的生活習慣を自立させること，⑤特殊的好奇心を伸ばすこと，⑥有能感を育むこと，である。

安定したアタッチメントの形成には，主たる養育者から子どもへの温かい養育行動が欠かせない。子どもは生まれながらにかわいいものである。子どもを見ているだけで，自然にスキンシップを伴う働きかけをしてしまうことが多い。子どもの反応を見ながら，子どもが満足そうなしぐさを見せるような働きかけをしたい。

応答する環境とは，知的好奇心に基づく子どもの質問に対して，できるだけその場で即座に答えられる環境のことである。質問をしたいのにそれができないような状況が続けば，子どもの知的好奇心はしぼんでしまう。そうならないように，子どもが"納得できる"程度に質問に答えてあげることが必要である。幼児期には合理的な説明でなくても大丈夫である。徐々に知的に発達して合理的な説明を求めるようになるので，そ

のときにはより合理的な説明をしてあげたい。

夕陽の美しさ（自然の美しさ）や他児の頑張り（努力の素晴らしさ）に感動することは，知的好奇心を感情面から豊かにする。親も保育者も一緒に感動できるとよい。また，他児が何かに成功した場合には一緒に喜びさらに応援し，他児が何かに失敗した場合には一緒に悲しみそして激励する，というような，いわゆる共感体験をすることも向社会的な欲求を豊かにするために必要である。幼いうちにこうした体験をすることによって，学習意欲の芽が育てられる。

基本的生活習慣の自立は子どもの基本的な有能感（自信）の源となる。何かが自分でできることは，とても嬉しいことであり，自分でできることは他者に助けられなくても自分から自発的にするようになる。これは自発性の原理（発達の原理）といわれる。もちろん，幼い頃はうまくできたことでも「成功した」とわからない，あるいは感じないことも多い。そうしたときには，しっかりほめてあげると，よくできた喜びを実感できる。この時期，ほめることはとても重要である。

3歳頃から徐々に，その子にとってとくに興味・関心のある対象ができてくる。それまでの，どんなものにも興味・関心を抱き，挑戦する時期（拡散的好奇心が旺盛な時期）に多様なものに挑戦し，やがて自分にとっておもしろく，好きなこと（得意なこと）が見つかると，それが興味・関心の中心となる時期（特殊的好奇心が旺盛な時期）に入る。拡散的好奇心がなくなるわけではないが，特殊的好奇心がそれを凌駕するように伸びてくるのである。これは将来の職業や生き方の選択などでとても重要な役割を果たす興味・関心となるため，周囲の大人はそれを引き出すように働きかける必要がある。なお，こうした子どもの興味・関心に関する大人の判断は間違うこともあるので，しばらくして子どもが嫌がるようなことは強要しないほうがよい。

（2）児童期における養育・教育として

児童期（小学校時代）あるいはそれ以降の時期に大切なことは，①教師や親が子どものモデル（手本）となること，②子どもの自律性を支援する

こと，③効果的な授業をすること，④適度な期待をすること，である。

日々出会う親や教師が生き生きと自律的に生きていれば，子どもは自然と親や教師をモデルにして，そうした人間になりたい，と思うであろう。親や教師が自律的であれば，子どもの自律性も支援したいという気持ちになるし，子どもも自然に親や教師の言うことに耳を傾け，自律的に行動するようになるであろう。そして，親や教師も子どもの自律性に勇気づけられ，さらに自律性を支援するものと考えられる。こうした自律性の好循環を生むために，親や教師が自律的であることが求められる。

また，小学校以降では，教師は効果的な授業をすることが強く求められる。子どもの興味・関心を喚起するような授業，子どもがさらに深く探究したくなるような授業，子どもが相互に学び合うことが必要になるような授業，いわゆる子どもが「主体的・対話的で深い学び」ができるような授業を展開することがとても重要である。その際には，活用できる知識の蓄積も重要であるため，いわゆる受容学習もうまく取り入れる必要がある。

子どもに期待をする，ということは，親や教師が子どもの能力を認めている，ということでもある。期待されると嬉しいのはそのためである。ただ，過剰な期待は禁物である。その子の学習状況や生活状況をよく検討し，その子に合った適切な期待することが求められる。どの子にも得意な教科はあるもので，そうした教科を中心に期待をすることがよいと思う。

（3）青年期（とくに中学校時代）における教育として

青年期（とくに中学校時代）あるいはそれ以降で大切なことは，①自分をみつめ，人生（将来）目標を設定すること，②自己調整に関連する能力を育むこと，である。

思春期を迎えると，二次性徴によって自分に興味・関心をもつようになる。そして，発達してきた高い思考能力によって，自己分析が可能となる。自己分析によって自己理解が進めば，将来を展望し，どういった職業につきたいのか，どういった生き方をしたいのか，などを考え，一

定の人生 (将来) 目標を設定できるようになる。これは完璧なものである必要はなく，適宜，修正されるものであってよい。ただ，こうした人生 (将来) 目標をもつことによって，自己実現のための学習動機が形成され，機能するようになる。そのために，自分をみつめ，自己理解を促すキャリア教育的な授業や取り組みが必要である。高校受験をできるだけポジティブに捉えられるようにするためにも，こうした人生 (将来) 目標の設定が必要であると思う。

　なお，人生 (将来) 目標には自律的な人生 (将来) 目標と他律的な人生 (将来) 目標があることを第4，5章で説明した。そして，主として自律的な人生 (将来) 目標をもつことが精神的な健康や幸福につながるという知見も紹介した。基本的にこの知見に間違いはないが，就活中の大学生の話を聞くと，現在のわが国の経済状況では，まずは仕事によってお金を (安定して) 稼ぐことを第一に考えないと以後の生活は成り立たないという声も多い。"大金持ち"になることを望んでいるわけではないが，まずはお金であるらしい。マズローの欲求の階層説 (図2-2参照：p.20) にあるとおり，生理的な欲求を充足できる生活が第一で，それがあって，徐々に自己実現の欲求の充足に向かうことができる。また，バルテスら (Baltes et al., 1980) の指摘どおり，世相や時代の影響によって，キャリア発達は変わるものといえる。いまの時代は高い経済成長は望めないため，まずは仕事における経済性の観点が重要視されるものと考えられる。ただ，自分の主たる興味・関心も何らかの方法で充足させることが重要だと思う。趣味やボランティア活動などがそれにあたるのであろうか。

　自己実現のための学習意欲が効果的に働くためには，図2-3 (p.24) をみてもわかるように，とくに自己調整能力が必要である。内発的な学習意欲 (幼児期や児童期初期) だけであれば，こうした能力は必要ないかもしれない。しかし，自己実現のための学習意欲が効果的に働くには必要不可欠な能力といえる。一朝一夕には形成されるものではないため，小学校の中・高学年頃から，学習のプラニング，学習方略の選択と使用と修正，自己モニタリング，振り返りなどの場面を意識的に設けてトレーニングをすることが必要であろう。

文 献

第1章

Grolnick, W. S., & Ryan, R. M. (1987). Autonomy in children's learning: An experimental and individual difference investigation. *Journal of Personality and Social Psychology, 52*, 890-898.

市川伸一 (2008). 「教えて考えさせる授業」を創る——基礎基本の定義・定着・深化・活用を促す「習得型」授業設計　図書文化社

鹿毛雅治 (2013). 学習意欲の理論——動機づけの教育心理学　金子書房

桜井茂男 (1997). 学習意欲の心理学——自ら学ぶ子どもを育てる　誠信書房

櫻井茂男 (2009). 自ら学ぶ意欲の心理学——キャリア発達の視点を加えて　有斐閣

櫻井茂男 (2017). 第3章 やる気を高める　櫻井茂男 (編著)　改訂版 たのしく学べる最新教育心理学——教職に関わるすべての人に　図書文化社, pp. 39-58.

第2章

波多野誼余夫・稲垣佳世子 (1973). 知的好奇心　中央公論新社

鹿毛雅治 (2013). 学習意欲の心理学——動機づけの教育心理学　金子書房

黒田祐二 (2010). 第5章 感情と動機づけの発達　櫻井茂男 (編)　たのしく学べる最新発達心理学——乳幼児から中学生までの心と体の育ち　図書文化社, pp. 88-106.

Maslow, A. H. (1954). *Motivation and personality*. New York, NY: Harper. (マズロー, A. H. (著) 小口忠彦 (監訳) (1971). 人間性の心理学　産業能率短期大学出版部)

村上達也・中山伸一・西村多久磨・櫻井茂男 (2017). 共感性と向社会的行動および攻撃行動の関連——成人用認知・感情共感性尺度を作成して　筑波大学心理学研究　53, 91-102.

Murray, H. A. (1938). *Explorations in personality*. New York, NY: Oxford University Press.

桜井茂男 (2006). 第7章 感情と動機づけ　桜井茂男 (編)　はじめて学ぶ乳幼児の心理——こころの育ちと発達の支援　有斐閣, pp. 117-131.

櫻井茂男 (2009). 自ら学ぶ意欲の心理学——キャリア発達の視点を加えて　有斐閣

櫻井茂男（2010）．自ら学ぶ意欲を育てる　初等教育資料　6月号（No.861）86-91.

櫻井茂男（2012）．Theory 2 夢や目標をもって生きよう！――自己決定理論　鹿毛雅治（編著）　モティベーションをまなぶ12の理論――ゼロからわかる「やる気の心理学」入門！　金剛出版，pp. 45-72.

櫻井茂男（2014）．第7章 なんで「やる気」が出ないの（動機づけ）　櫻井茂男・濱口佳和・向井隆代　子どものこころ――児童心理学入門［新版］　有斐閣，pp. 121-141.

櫻井茂男（2017）．第3章 やる気を高める　櫻井茂男（編著）　改訂版 たのしく学べる最新教育心理学――教職に関わるすべての人に　図書文化社，pp. 39-58.

櫻井茂男・葉山大地・鈴木高志・倉住友恵・萩原俊彦・鈴木みゆき・大内晶子・及川千都子（2011）．他者のポジティブ感情への共感的感情反応と向社会的行動，攻撃行動との関係　心理学研究　**82**, 123-131.

植村みゆき・萩原俊彦・及川千都子・大内晶子・葉山大地・鈴木高志・倉住友恵・櫻井茂男（2008）．共感性と向社会的行動との関連の検討――共感性プロセス尺度を用いて　筑波大学心理学研究　**36**, 49-56.

Zimmerman, B. J. (1989). A social cognitive view of self-regulated academic learning. *Journal of Educational Psychology,* **81**, 329-339.

● 第3章

安藤寿康（2000）．心はどのように遺伝するか――双生児が語る新しい遺伝観　講談社

安藤寿康（2012）．遺伝子の不都合な真実――すべての能力は遺伝である　筑摩書房

Baltes, P. B. (1987). Theoretical propositions of life-span developmental psychology: On the dynamics between growth and decline. *Developmental Psychology,* **23**, 611-626.

Baltes, P. B., Reese, H. W., & Lipsitt, L. P. (1980). Life-span developmental psychology. *Annual Review of Psychology,* **31**, 65-110.

ベネッセ教育研究開発センター（2005）．第1回子ども生活実態基本調査報告書――小学生・中学生・高校生を対象に　研究所報　Vol. 33　ベネッセコーポレーション

Eisenberg, N. (1986). *Altruistic emotion, cognition, and behavior.* Hillsdale, NJ: Lawrence Erlbaum Associates.

Eisenberg, N. (1992). *The caring child.* Cambridge, MA: Harvard University

Press. （アイゼンバーグ，N. (著) 二宮克美・首藤敏元・宗方比佐子 (訳) (1995). 思いやりのある子どもたち——向社会的行動の発達心理　北大路書房）

Hoffman, M. L. (1987). The contribution of empathy to justice and moral judgement. In N. Eisenberg, & J. Strayer (Eds.), *Empathy and its development*, Cambridge, MA: Cambridge University Press, pp. 47-80.

市原学 (2010). 第6章 自己とパーソナリティの発達　櫻井茂男 (編著)　たのしく学べる最新発達心理学——乳幼児から中学生までの心と体の育ち　図書文化社, pp. 107-124.

古賀八重子・鈴木偉代 (1995). 壮年期，向老期，老年期　浅井潔 (編)　人間理解のための心理学　日本文化科学社, pp. 42-48.

黒田祐二 (2013). 第5章 児童期の知性の発達　櫻井茂男・佐藤有耕 (編)　スタンダード発達心理学　サイエンス社, pp. 105-121.

西平直喜 (1979). 第1章 青年期における発達の特徴と教育　大田堯他 (編)　岩波講座 子どもの発達と教育 6　岩波書店, pp. 1-56.

大川一郎(2010). 1章 子どもの発達と環境　櫻井茂男・大川一郎 (編)　しっかり学べる発達心理学 改訂版　福村出版, pp. 9-22.

桜井茂男 (1992). 第5章 性格形成　杉原一昭 (編)　発達と学習 (教職教育講座第2巻)　協同出版, pp. 111-138.

櫻井茂男 (2009). 自ら学ぶ意欲の心理学——キャリア発達の視点を加えて　有斐閣

櫻井登世子 (2010). 第4章 認知の発達　櫻井茂男 (編著)　たのしく学べる最新発達心理学——乳幼児から中学生までの心と体の育ち　図書文化社, pp. 67-86.

櫻井茂男 (2010). 第1章 発達心理学とは　櫻井茂男 (編著)　たのしく学べる最新発達心理学——乳幼児から中学生までの心と体の育ち　図書文化社, pp. 9-28.

櫻井茂男 (2016). 三・四年生の子どもの発達課題　児童心理　2016年6月号臨時増刊　11-17.

櫻井茂男・佐藤有耕 (編) (2013). スタンダード発達心理学　サイエンス社

篠ケ谷圭太 (2016). 第10章 授業外の学習の指導　自己調整学習研究会 (監修), 岡田涼・中谷素之・伊藤崇達・塚野州一 (編著)　自ら学び考える子どもを育てる教育の方法と技術　北大路書房, pp. 140-156.

富田庸子(2001). 6章 発達の心理　桜井茂男 (編)　心理学ワールド入門　福村出版, pp. 97-115.

渡辺弥生 (2011). 子どもの「10歳の壁」とは何か？——乗りこえるための発

達心理学　光文社

● 第4章

Abramson, L. Y., Seligman, M. E. P., & Teasdale, J. D. (1978). Learned helplessness in humans: Critique and reformation. *Journal of Abnormal Psychology*, **87**, 49-74.

樋口一辰・鎌原雅彦・大塚雄作 (1983)．児童の学業達成に関する原因帰属モデルの検討　教育心理学研究　**31**, 18-27.

市原学・新井邦二郎 (2006)．数学学習場面における動機づけモデルの検討――メタ認知の調整効果　教育心理学研究　**54**, 199-210.

上出寛子・大坊郁夫 (2012)．日本における well-being を高める動機づけ　対人社会心理学研究　**12**, 143-148.

鹿毛雅治 (2013)．学習意欲の理論――動機づけの教育心理学　金子書房

Kasser, T., & Ryan, M. R. (1993). A dark side of the American dream: Correlates of financial success as a central life aspiration. *Journal of Personality and Social Psychology,* **65**, 410-422.

Kasser, T., & Ryan, M. R. (1996). Further examining the American dream: Differential correlates of intrinsic and extrinsic goals. *Personality and Social Psychology Bulletin*, **22**, 80-87.

菊池章夫 (2014)．さらに／思いやりを科学する――向社会的行動と社会的スキル　川島書店

長濱文与・安永　悟・関田一彦・甲原定房 (2009)．協同作業認識尺度の開発　教育心理学研究　**57**, 24-37.

西村多久磨・河村茂雄・櫻井茂男 (2011)．自律的な学習動機づけとメタ認知的方略が学習成績を予測するプロセス――内発的な学習動機づけは学業成績を予測することができるのか？　教育心理学研究　**59**, 77-87.

西村多久磨・鈴木高志・村上達也・中山伸一・櫻井茂男 (2017)．キャリア発達における将来目標の役割――生活満足度，学習動機づけ，向社会的行動との関連から　筑波大学心理学研究　**53**, 81-89.

大野久 (1984)．現代青年の充実感に関する一研究――現代日本青年の心情モデルについての検討　教育心理学研究　**32**, 12-21.

岡安孝弘・嶋田洋徳・坂野雄二 (1992)．中学生用ストレス反応尺度作成の試み　早稲田大学人間科学研究　**5**, 23-29.

Pintrich, P. R. (2000). The role of goal orientation in self-regulated learning. In M. Boekaerts, P. R. Pintrich, & M. Zeidner (Eds.), *Handbook of self-regulation.* San Diego, CA: Academic Press, pp. 451-502.

Rosenberg, M. (1965) *Society and the adolescent self-image.* Princeton, NJ: Princeton University Press.

Ryan, R. M., & Connell, J. P. (1989). Perceived locus of causality and internalization: Examining reasons for acting in two domains. *Journal of personality and Social Psychology,* **57**, 749-761.

桜井茂男 (1989). 児童の絶望感と原因帰属との関係　心理学研究　**60**, 304-311.

桜井茂男 (1992). 小学校高学年生における自己意識の検討　実験社会心理学研究　**32**, 85-94.

桜井茂男 (2000). ローゼンバーグ自尊感情尺度日本語版の検討　筑波大学発達臨床心理学研究　**12**, 65-71.

櫻井茂男 (2009). 自ら学ぶ意欲の心理学――キャリア発達の視点を加えて　有斐閣

櫻井茂男 (2012). Theory 2 夢や目標をもって生きよう！――自己決定理論　鹿毛雅治 (編)　モティベーションをまなぶ12の理論――ゼロからわかる「やる気の心理学」入門！　金剛出版, pp. 45-72.

桜井茂男・桜井登世子 (1991). 児童用領域別効力感尺度作成の試み　奈良教育大学教育研究所紀要　**27**, 131-238.

佐藤純 (2000). 自己調整学習における学習方略の認知と使用　筑波大学博士論文 (未公刊)

嶋田洋徳・戸ヶ崎泰子・坂野雄二 (1994). 小学生用ストレス反応尺度の開発　健康心理学研究　**7**, 46-58.

杉村健・藤田正・玉瀬耕治 (1983). 小学生における学業成績の原因帰属　奈良教育大学教育研究所紀要　**13**, 63-70.

鈴木高志・櫻井茂男 (2011). 内発的および外発的な利用価値が学習動機づけに与える影響の検討　教育心理学研究　**59**, 51-63.

栃木県総合教育センター (2013). 高めよう！自己有用感――栃木の子どもの現状と指導の在り方

Weiner, B. (1979). A theory of motivation for some classroom experiences. *Journal of Educational Psychology,* **71**, 3-25.

◆ 第5章

Bandura, A. (1977). Self-efficacy: Toward a unifying theory of behavioral change. *Psychological Review,* **84**, 191-215.

Bandura, A. (1986). *Social foundations of thought and action: A social cognitive theory.* Englewood Cliffs, NJ: Prentice-Hall.

Bandura, A. (1997). *Self-efficacy: The exercise of control.* New York, NY: Freeman.

Deci, E. L., & Ryan, R. M. (2014). Autonomy and need satisfaction in close relationships: Relationships motivation theory. In N. Weinstein (Ed.), *Human motivation and interpersonal relationships: Theory, research, and applications.* Dordrecht, Netherlands: Springer, pp. 53-73.

Eccles, J. S. (2005). Subject task value and the Eccles et al. model of achievement-related choices. In A. J. Elliot, & C. S. Dweck (Eds.), *Handbook of competence and motivation.* New York, NY: Guilford Press, pp. 105-121.

Elliot, A. J. (1997). Integrated the "classic" and "contemporary" approaches to achievement motivation: A hierarchical model of approach and avoidance achievement motivation. In M. L. Maehr, & P. R. Pintrich (Eds.), *Advances in motivation and achievement: A research annual.* Vol. 10. Greenwich, CT: JAI Press, pp. 143-179.

Elliot, A. J. (1999). Approach and avoidance motivation and achievement goals. *Educational Psychologist, 34,* 169-189.

自己調整学習研究会（編）（2012）．自己調整学習——理論と実践の新たな展開へ　北大路書房

波多野誼余夫・稲垣佳世子（1971）．発達と教育における内発的動機づけ　明治図書

波多野誼余夫・稲垣佳世子（1973）．知的好奇心　中央公論新社

伊藤崇達（2012）．自己調整学習方略とメタ認知　自己調整学習研究会（編）自己調整学習——理論と実践の新たな展開へ　北大路書房　pp. 31-53.

黒田祐二（2010）．感情と動機づけの発達　櫻井茂男（編）　たのしく学べる最新発達心理学——乳幼児から中学生までの心と体の育ち　図書文化社，pp. 87-105.

村山航（2003）．達成目標理論の変遷と展望——「緩い統合」という視座からのアプローチ　心理学研究　46, 564-583.

Murayama, K., Matsumoto, M., Izuma, K., & Matsumoto K. (2010). Neural basis of the undermining effect of monetary reward on intrinsic motivation. *PNAS, 107* (49), 20911-20916.

西村多久磨・河村茂雄・櫻井茂男（2011）．自律的な学習動機づけとメタ認知的方略が学習成績を予測するプロセス——内発的な学習動機づけは学業成績を予測することができるのか？　教育心理学研究　59, 77-87.

西村多久磨・櫻井茂男（2013）．中学生における自律的学習動機づけと学業適

応との関連　心理学研究　**84**, 365-375.

西村多久磨・櫻井茂男 (2015). 中学生における基本的心理欲求とスクール・モラールとの関連——学校場面における基本的心理欲求充足尺度の作成　パーソナリティ研究　**24**, 124-136.

西村多久磨・鈴木高志・村上達也・中山伸一・櫻井茂男 (2017). キャリア発達における将来目標の役割——生活満足度, 学習動機づけ, 向社会的行動との関連から　筑波大学心理学研究　**53**, 81-89.

Pintrich, P. R., Smith, D., Garcia, T., & McKeachie, W. J. (1993). Reliability and predictive validity of the motivated strategies for learning questionnaire (MSLQ). *Educational and Psychological Measurement*, **53**, 801-813.

Ryan, R. M., & Deci, E. L. (2017). *Self-determination theory: Basic psychological needs in motivation, development, and wellness.* New York, NY: Guilford Press.

櫻井茂男 (2009). 自ら学ぶ意欲の心理学——キャリア発達の視点を加えて　有斐閣

櫻井茂男 (2012). Theory 2 夢や目標をもって生きよう！——自己決定理論　鹿毛雅治 (編著)　モティベーションをまなぶ 12 の理論——ゼロからわかる「やる気の心理学」入門！　金剛出版, pp. 45-72.

Sheldon, K. M., & Niemiec, C. (2006). It's not just the amount that counts: Balanced need-satisfaction also affects well-being. *Journal of Personality and Social Psychology*, **91**, 331-341.

田中秀明・桜井茂男 (1995). 一般的因果律志向性尺度の作成と妥当性の検討　奈良教育大学教育研究所紀要　**31**, 177-184.

塚野州一 (2012). 自己調整学習理論の概要　自己調整学習研究会 (編)　自己調整学習——理論と実践の新たな展開へ　北大路書房, pp. 3-29.

上淵寿 (2004). 達成目標理論の最近の展開　上淵寿 (編)　動機づけ研究の最前線　北大路書房, pp. 88-107.

Weiner, B. (1972). *Theories of motivation: From mechanism to cognition.* Chicago, IL: Markham.

Weiner, B. (1979). A theory of motivation for some classroom experiences. *Journal of Educational Psychology*, **71**, 3-25.

Weiner, B. (1985). *Human motivation.*　New York, NY: Springer-Verlag.

Zimmerman, B. J. (1989). A social cognitive view of self-regulated academic learning. *Journal of Educational Psychology*, **81**, 329-339.

Zimmerman, B. J., & Moylan, A. R. (2009). Self-regulation: Where metacognition and motivation intersect. In D. J. Hacker, J. Dunlosky, & A. G. Graesser(Eds.), *Handbook of metacognition in education*. New York, NY: Routledge, pp. 300-305.

● 第6章

Amabile, T. M. (1979). Effects of external evaluation on artistic creativity. *Journal of Personality and Social Psychology, 37*, 221-233.

Amabile, T. M. (1982a). Children's artistic creativity: Detrimental effects of competition in a field setting. *Personality and Social Psychology Bulletin, 8*, 573-578.

Amabile, T. M. (1985). Motivation and creativity: Effects of motivational orientation on creative writers. *Journal of Personality and Social Psychology, 48*, 393-399.

Amabile, T. M., Hennessey, B. A., & Grossman, B. S. (1986). Social influences on areativity: The effects of contracted-for reward. *Journal of Personality and Social Psychology, 50*, 14-23.

ベネッセ教育研究開発センター(2010). 第2回子ども生活実態基本調査報告書——小4生～高2生を対象に 研究所報 Vol. 59 ベネッセコーポレーション

Burton, K. D., Lydon, J. E., D'Alessandro, D. U., & Koestner, R. (2006). The differential effects of intrinsic and identified motivation on well-being and performance: Prospective, experimental, and implicit approaches to self-determination theory. *Journal of Personality and Social Psychology, 91*, 750-762.

Conti, R., Amabile, T. M., & Pollak, S. (1995). The positive impact of creative activity: Effects of creative task engagement and motivational focus on college students' learning. *Personality and Social Psychology Bulletin, 21*, 1107-1116.

Deci, E. L., Ryan, R. M., Gagne, M., Leone, D. R., Usunov, J., & Kornazheva, B. P. (2001). Need satisfaction, motivation, and well-being in the work organizations of a formar? eastern bloc country: A cross-cultural study of serf-determination. *Personality and Social Psychology Bulletin, 27*, 930-942.

Eisenberger, R., & Armeli, S. (1997). salient reward increase creative performance without reducing intrinsic creative interest? *Journal of Personality and Social Psychology, 72*, 652-663.

Eisenberger, R., Armeli, S., & Pretz, J. (1998). Can the promise of reward increase creativity? *Journal of Personality and Social Psychology,* **74,** 704-714.

Eisenberger, R., & Selbst, M. (1994). Goes reward increase or decrease creativity? *Journal of Personality and Social Psychology,* **66,** 1116-1127.

Grolnick, W. S., & Ryan, R. M. (1987). Autonomy in children's learning: An experimental and individual difference investigation. *Journal of Personality and Social Psychology,* **52,** 890-898.

萩原俊彦・桜井茂男 (2007). 大学生の進路選択における動機と精神的健康との関連 筑波大学心理学研究 **33,** 79-87.

長谷川寿一 (2008). 第7章 知能 長谷川寿一・東條正城・大島尚・丹野義彦・廣中直行 はじめて出会う心理学 改訂版 有斐閣, pp. 117-130.

稲垣佳世子 (1977). 教師による幼児の好奇心評定の関連要因 教育心理学研究 **25,** 97-103.

海保博之 (1986). はかる 杉原一昭・海保博之 (編) 事例で学ぶ教育心理学 福村出版, pp. 87-112.

Kasser, T., & Ryan, R. M. (1993). A dark side of the American dream: Correlates of financial success as a central life aspiration. *Journal of Personality and Social Psychology,* **65,** 41-422.

Kasser, T., & Ryan, R. M. (1996). Further examining the American dream: Differential correlates of intrinsic and extrinsic goals. *Personality and Social Psychology Bulletin,* **22,** 280-287.

黒田祐二・桜井茂男 (2001). 中学生の友人関係場面における目標志向性と抑うつとの関係 教育心理学研究 **49,** 129-136.

三和秀平・外山美樹 (2015). 教師の教科指導学習動機尺度の作成とその特徴の検討 教育心理学研究 **63,** 426-437.

三和秀平・外山美樹 (2016). 新任教師の教科指導学習動機と教職における自己有能感および健康状態との関連 教育心理学研究 **64,** 307-316.

永作稔・新井邦二郎 (2003). 自律的高校進学動機尺度作成の試み 筑波大学心理学研究 **26,** 175-182.

永作稔・新井邦二郎 (2005). 自律的高校進学動機と学校適応・不適応に関する短期縦断的検討 教育心理学研究 **53,** 516-528.

Niemiec, C. P., Lynch, M. F., Vansteenkiste, M., Bernstein, J., Deco, E. L., & Ryan, R. M. (2006). The antecedents and consequences of autonomous self-regulation for college: A self-determination theory perspective on socialization. *Journal of Adolescence,* **29,** 761-775.

西村多久磨・河村茂雄・櫻井茂男 (2011). 自律的な学習動機づけとメタ認知的方略が学業成績を予測するプロセス——内発的な学習動機づけは学業成績を予測することができるのか？　教育心理学研究　**59**, 77-87.

西村多久磨・櫻井茂男 (2013). 中学生における自律的学習動機づけと学業適応との関連　心理学研究　**84**, 365-375.

西村多久磨・鈴木高志・村上達也・中山伸一・櫻井茂男 (2017). キャリア発達における将来目標の役割——生活満足度, 学習動機づけ, 向社会的行動との関連から　筑波大学心理学研究　**53**, 81-89.

及川千都子・西村多久磨・大内晶子・櫻井茂男 (2009). 自ら学ぶ意欲と創造性の関係　筑波大学心理学研究　**38**, 73-78.

Otis, N., & Pelletiar, L. G. (2005). A motivational model of daily hassles, physical symptoms, and future work intentions among police officers. *Journal of Applied Social Psychology,* **35**, 2193-2214.

Richer, S. F., Blanchard, C., & Vallerand, R. J. (2002). A motivational model of work turnover. *Journal of Applied Social Psychology,* **32**, 2089-2113.

Rudy, D., Sheldon, K. M., Awong, T., & Tan, H. H. (2007). Autonomy, culture, and well-being: The benfits of inclusive autonomy. *Journal of Research in Personality,* **41**, 983-1007.

桜井茂男 (1983). 認知されたコンピテンス測定尺度 (日本語版) の作成　教育心理学研究　**31**, 245-249.

桜井茂男 (1987b). 自己効力感が学業成績に及ぼす影響　教育心理　**35**, 140-145.

櫻井茂男 (2009). 自ら学ぶ意欲の心理学——キャリア発達の視点を加えて　有斐閣

櫻井茂男 (2010). 序章 1　なぜ, 現状に対する満足度は高まったのか——動機づけ心理学からの考察　ベネッセ教育研究開発センター　第 2 回子ども生活実態基本調査報告書——小 4 生～高 2 生を対象に　研究所報　Vol. 59　ベネッセコーポレーション

櫻井茂男・大内晶子・及川千都子 (2009). 自ら学ぶ意欲の測定とプロセスモデルの検討　筑波大学心理学研究　**38**, 61-71.

桜井茂男・高野清純 (1985). 内発的 - 外発的動機づけ測定尺度の開発　筑波大学心理学研究　**7**, 43-54.

Yamauchi, H., & Tanaka, K. (1998). Relations of autonomy, self-referenced beliefs, and self-regulated learning among Japanese children. *Psychological Reports,* **82**, 803-816.

● 第7章

Ames, C. (1992). Classrooms: Goals, structures, and student motivation. *Journal of Educational Psychology, 84*, 261-271.

Baltes, P. B., Reese, H. W., & Lipsitt, L. P. (1980). Life-span developmental psychology. *Annual Review of Psychology, 31*, 65-110.

Baumrind, D. (1971). Current patterns of parental authority. *Developmental Psychology Monographs, 4*, 1-103.

ベネッセ教育研究開発センター (2005). 第1回子ども生活実態基本調査報告書——小学生・中学生・高校生を対象に 研究所報 Vol. 33 ベネッセコーポレーション

ベネッセ教育研究開発センター (2010). 第2回子ども生活実態基本調査報告書——小4生～高2生を対象に 研究所報 Vol. 59 ベネッセコーポレーション

Butler, R., & Nisan, M. (1986). Effects of no feedback, task-related comments, and grades on intrinsic motivation and performance. *Journal of Educational Psychology, 78*, 210-216.

Deci, E. L. (1971). Effects of externally mediated rewards on intrinsic motivation. *Journal of Personality and Social Psychology, 18*, 105-115.

Deci, E. L., Schwartz, A. J., Sheinman, L., & Ryan, R. M. (1981). An instrument to assess adults' orientations toward control versus autonomy with children: Reflections on intrinsic motivation and perceived competence. *Journal of Educational Psychology, 73*, 642-650.

Deci, E. L., Speigel, N. H., Ryan, R. M., Koestner, R., & Kauffman, M. (1982). Effects of performance standards on teaching styles: The behavior of controlling teachers. *Journal of Educational Psychology, 74*, 852-859.

Grolnick, W. S., & Ryan, R. M. (1989). Parent styles associated with children's self-regulation and competence in school. *Journal of Educational Psychology, 81*, 143-154.

Grolnick, W. S., Ryan, R. M., & Deci, E. L. (1991). Inner resources for school achievement: Motivational mediators of children's perceptions of their parents. *Journal of Educational Psychology, 83*, 508-517.

鹿毛雅治 (1990). 内発的動機づけに及ぼす評価主体と評価基準の効果 教育心理学研究 38, 428-437.

鹿毛雅治 (1992). 教師による評価教示が生徒の内発的動機づけと学習に及ぼ

す効果——成績教示と確認教示の比較 教育方法学研究 **18**, 65-74.

鹿毛雅治 (1993). 到達度評価が児童の内発的動機づけに及ぼす効果 教育心理学研究 **41**, 367-377.

鹿毛雅治・並木博 (1990). 児童の内発的動機づけと学習に及ぼす評価構造の効果 教育心理学研究 **38**, 36-45.

海沼亮 (2017). 中学生の友人関係に対する動機づけに関する研究——社会的達成目標に着目して 平成28年度筑波大学大学院教育研究科 (スクールリーダーシップ開発専攻) 修士論文

國分康孝・片野智治 (2001). 構成的グループ・エンカウンターの原理と進め方——リーダーのためのガイド 誠信書房

國分康孝・國分久子 (総編集) (2004). 構成的グループエンカウンター事典 図書文化社

倉住友恵・櫻井茂男 (2015). 中学生における「他者との親密さ」ならびに「他者が有する学業への価値観の認知」が学業動機づけに及ぼす影響——親・教師・友人に注目して 筑波大学心理学研究 **50**, 47-58.

黒田祐二 (2012). 動機づけ——意欲を高めるためにどうすればよい？ 櫻井茂男 (監修) 黒田祐二 (編) 実践につながる教育心理学 北樹出版, pp. 72-88.

Lepper, M. R., Greene, D., & Nisbett, R. M. (1973). Undermining children's intrinsic interests with extrinsic rewards: A test of the "overjustification" hypothesis. *Journal of Personality and Social Psychology,* **28**, 129-137.

三隅二不二 (1976). グループ・ダイナミックス 共立出版

西村多久磨・河村茂雄・櫻井茂男 (2011). 自律的な学習動機づけとメタ認知的方略が学業成績を予測するプロセス——内発的な学習動機づけは学業成績を予測することができるのか？ 教育心理学研究 **59**, 77-87.

西村多久磨・櫻井茂男 (2013). 小中学生における学習動機づけの構造的変化 心理学研究 **83**, 546-555.

日本教育カウンセラー協会 (編) (2001). ピアヘルパーハンドブック——友達をヘルプするカウンセリング 図書文化社

小倉泰夫・松田文子 (1988). 生徒の内発的動機づけに及ぼす評価の効果 教育心理学研究 **36**, 144-151.

大谷和大・岡田涼・中谷素之・伊藤崇達 (2016). 学級における社会的目標構造と学習動機づけの関連——友人との相互学習を媒介したモデルの検討 教育心理学研究 **64**, 477-491.

大谷佳子・桜井茂男 (1995). 大学生における完全主義と抑うつ傾向および絶

望感との関係　心理学研究　**66**, 41-47.

Ryan, R. M., & Connell, J. P. (1989). Perceived locus of causality and internalization: examining reasons for acting in two domains. *Journal of Personality and Social Psychology,* **57**, 749-761.

Ryan, R. M., Stiller, J. D., & Lynch, J. H. (1994). Representations of relationships to teachers, parents and friends as predictors of academic motivation and self-esteem. *Journal of Early Adolescence,* **14**, 226-249.

桜井茂男 (1984)．内発的動機づけに及ぼす言語的報酬と物質的報酬の影響の比較　教育心理学研究　**32**, 286-295.

桜井茂男 (1987)．両親および教師の賞賛・叱責が児童の内発的動機づけに及ぼす影響　奈良教育大学紀要　**36**, 173-182.

桜井茂男 (1988)．内発的動機づけに及ぼす養育態度の影響　奈良教育大学教育研究所紀要　**24**, 77-82.

桜井茂男 (1989a)．内発的動機づけに及ぼす外的評価の予告と報酬予期の効果　教育心理学研究　**37**, 29-35.

桜井茂男 (1989b)．質問紙法による児童の内発的動機づけに及ぼす言語的報酬と物質的報酬の効果の比較　実験社会心理学研究　**29**, 153-159.

桜井茂男 (1997)．学習意欲の心理学——自ら学ぶ子どもを育てる　誠信書房

桜井茂男 (2003)．子どもの動機づけスタイルと親からの自律性援助との関係　筑波大学発達臨床心理学研究　**15**, 25-30.

桜井茂男 (2004)．完全主義は抑うつを予測できるのか——小学生の場合　筑波大学心理学研究　**27**, 51-55.

桜井茂男 (2005)．子どもにおける完全主義と抑うつ傾向との関連　筑波大学心理学研究　**30**, 63-71.

櫻井茂男 (2009)．自ら学ぶ意欲の心理学——キャリア発達の視点を加えて　有斐閣

櫻井茂男 (研究代表) (2016)．学ぶ意欲に及ぼす子育て関連要因の影響に関する研究　調査研究シリーズ　No. 69　日本教材文化研究財団

桜井茂男・大谷佳子 (1997)．"自己に求める完全主義" と抑うつ傾向および絶望感との関係　心理学研究　**68**, 179-186.

杉原一昭・桜井茂男 (1987)．児童の内発的動機づけに及ぼす教師の性格特性およびリーダーシップの影響　筑波大学心理学研究　**9**, 95-100.

高地雅就 (2017)．中学生の高校受験観と学習動機ならびに適応との関連　平成28年度筑波大学大学院教育研究科 (スクールリーダーシップ開発専攻) 修士論文

索　引

● ア行

愛情欲求　*19*
アイゼンバーガー（Eisenberger, R.）　*111*
アイゼンバーグ（Eisenberg, N.）　*58*
アクティブ・ラーニング　*12, 15*
浅い処理　*72*
浅い理解　*102*
アセスメント　*62*
アタッチメント　*39, 48, 118*
　安定した――　*127*
アマビル（Amabile, T.M.）　*110*
新井邦二郎　*71*
暗記・反復方略　*72*
安心して学べる環境　*25, 63, 80, 102, 113*
アンダーマイニング現象（効果）　*83, 125*
安藤寿康　*44*
育児感情　*119*
いじめ　*56*
市川伸一　*15*
市原学　*71*
一卵性双生児　*44*
一般的因果志向性尺度　*87*
遺伝　*41, 84*
　――説　*42*
　――率　*44*
伊藤崇達　*97, 123*
稲垣佳世子　*87*
意味理解方略　*72*
因果志向性理論　*82, 86*
因果律志向性　*121*
上淵寿　*90*
英知　*37*
エイブラムソン（Abramson, L.Y.）　*72*
エイムズ（Ames, C.）　*123*
エックルズ（Eccles, J.S.）　*82, 91*
エリオット（Elliot, A.J.）　*90*
エリクソン（Erikson, E.H.）　*38*
援助要請　*97*

● カ行

エンハンシング効果　*125*
及川千都子　*111*
応答する環境　*49, 127*
大内晶子　*111*
大川一郎　*43*
大谷和大　*123*
岡田涼　*123*
教えて考えさせる授業　*15*
オティス（Otis, N.）　*109*
驚き　*94*

外向性　*44*
外的調整　*67*
外的報酬　*111, 114*
海沼亮　*124*
外発的人生（将来）目標　*67*
外発的動機づけ　*5*
外発的な学習意欲　*5, 6, 84*
海保博之　*110*
学業成績　*12, 44, 84, 99, 100*
拡散的好奇心　*31, 49, 128*
拡散的思考　*110, 111*
学習　*41, 42*
　――意欲　*1*
　――行動　*27, 28*
　――指導要領　*12, 14*
　――習慣　*55*
　――（する）理由　*7, 65*
　――する理由の階層構造　*8*
　――動機　*2*
　――方略　*27, 62, 71, 102*
鹿毛雅治　*2*
片野智治　*124*
価値　*82*
　――づけ　*91*
　――理論　*82*
学校移行　*51*

索　引　145

カッサー（Kasser, T.）　*67, 110*
悲しみ　*94*
可能性としての自信　*63*
川村茂雄　*65*
環境　*17, 41*
　　――説　*42*
関係性の欲求　*20, 86*
観察学習（モデリング）　*39*
観察法　*63*
感情　*17*
記憶方略　*54*
記憶力　*54*
期待　*82, 129*
　　――×価値理論　*63, 82, 91, 98*
　　――理論　*82*
機能的自律　*15*
基本的信頼感　*39*
基本的心理欲求　*88*
　　――充足尺度　*88*
　　――理論　*83, 86*
基本的生活習慣　*50, 128*
基本的欲求　*18, 19*
逆転項目　*75*
客観的な有能感　*49*
キャリア教育　*116*
9歳（10歳）の壁　*55*
教科指導学習動機　*99*
共感（性）　*22, 58*
協同学習　*14, 28, 63, 74*
興味　*3, 96*
共有環境　*44*
勤勉性　*40*
具体的操作期　*54*
倉住友恵　*121*
グループ・ディスカッション　*13*
グループ・ワーク　*13*
黒田祐二　*91*
グロルニック（Grolnick, W.S.）　*102, 105, 121*
形式的操作期　*54*
結果期待　*82, 93*
結果としての自信　*63*
結晶性知能　*37*
原因帰属　*29, 52, 63, 72, 93, 96*

　　――様式　*73*
健康　*99, 104*
言語的な報酬　*125*
高1クライシス　*56*
好奇心　*19, 40*
高校受験　*116*
　　――観　*117*
高校進学動機　*104, 106*
向社会性（利他性）　*8*
向社会的行動　*58, 124*
向社会的な道徳判断　*58*
向社会的欲求　*27, 29, 47, 58, 62, 70*
口唇期　*39*
構成的グループエンカウンター　*56, 124*
構造方程式モデリング　*44*
行動遺伝学　*44*
肛門期　*39*
効力期待　*82, 93*
國分康孝　*124*
國分久子　*124*
個人内評価　*53, 90, 126*
コスト　*92*
孤独感　*40*
コネル（Connell, J.P.）　*65*

● サ行

罪悪感　*40*
櫻井茂男　*2, 47, 65*
櫻井登世子　*54*
佐藤純　*71*
シェルドン（Sheldon, K.M.）　*88*
自我　*38*
　　――同一性　*40*
　　――同一性の確立　*40*
　　――同一性の拡散　*40*
思考（力）　*12, 54, 110*
自己教示　*96*
自己決定理論（SDT）　*20, 65, 81, 82*
自己肯定感　*75*
自己効力感　*21, 22, 51, 63, 77, 93, 95, 100*
自己実現　*110*
　　――のために学習する理由　*7*
　　――のための学習意欲　*3, 4, 6, 10, 82, 84,*

103, 115

——の欲求　19, 47, 58, 69, 130

自己主張　50

自己受容　77

自己調整　25, 71

——学習　25, 70, 82, 94, 98

自己評価　28, 96, 126

——能力　61

自己モニタリング　96

自己有用感　63, 75, 77

思春期　59

自尊感情　63, 75, 104

失敗感情　94

質問紙法　63, 64

自発学習　28

自発性　12, 40

——の原理　128

ジマーマン（Zimmerman, B.J.）　25, 95

社会的な達成目標　124

社会的な比較　52

社会的な目標構造　123

社会的な欲求　18, 19

就業動機　99, 104, 108

充実感　28, 29, 63, 75

収束的（集中的）思考　110

宿題　55

熟達回避目標　90, 91

熟達接近目標　90, 91

主体的・対話的で深い学び　12

主たる養育者　39

手段　83

種保存欲求　19

小1プロブレム　51

情意的な方略　27

生涯学習　61

生涯発達心理学　37

称賛　114

状態としての学習意欲　6

状態不安　105

情動的共感　22

承認欲求　19

情報　25, 26, 113

情報収集　28

職業適応感　107

職業満足度　109

自立性　39

自律性の欲求　20, 86

自律的動機づけ　84

自律的な学習意欲　3, 4, 105

自律的な人生（将来）目標　59, 60, 67

人生（将来）目標　4, 47, 59, 63, 67, 88, 106, 129

親密性　40

心理・社会的発達理論　38

心理・性的発達理論　38

進路選択動機　104, 106

親和欲求　19

遂行回避目標　90, 91

遂行接近目標　90, 91

遂行の段階　95, 96

スキンシップ　118

鈴木高志　69

スパンキング　119

生活満足度　104, 107

成功感情　94

成熟　41

生殖性　41

精神的な健康　104

成績の質　102

精緻化　72, 97

成長動機　69

成長欲求　53, 56

性役割　40

生理の欲求　19

絶対評価　53, 90, 126

絶望感　41, 79

セルフ・コントロール　61

潜伏期　40

相互作用説　42

操作・探索欲求　19

双生児研究　44

創造性　99, 110, 111

創造力　12

相対評価　52, 90, 126

● タ行

第一反抗期　50

体験学習 *13*
対人関係 *113*
　──動機づけ理論 *83, 89*
体制化 *54, 72, 97*
高地雅就 *117*
高野清純 *100*
他者評価 *126*
達成価値 *91, 92*
達成動機 *93*
　──づけ理論 *82*
達成目標 *81*
　──理論 *81, 89, 98*
達成欲求 *19*
他律的動機づけ *84*
他律的な学習意欲 *1, 3, 5, 6, 10, 105, 114*
他律的な人生（将来）目標 *59, 60, 67*
他律的に学習する理由 *8*
男根期 *40*
探索行動 *49*
知恵 *36*
知的好奇心 *3, 26, 28, 47, 49, 87, 102*
知能 *37, 44, 100*
　──偏差値 *100*
中１ギャップ *56*
調査学習 *13*
調査的面接 *64*
挑戦行動 *28*
DNA *84*
ディベート *13*
デシ（Deci, E.L.） *65, 108*
テスト不安 *23*
同一化調整スタイル *84*
同一化的調整 *66*
動機 *2, 16*
　──づけ *16*
　──づけのプロセス *17*
等身大の有能感 *57, 117, 118*
到達度評価 *126*
道徳性 *40*
特殊的好奇心 *31, 49, 114, 128*
特性としての学習意欲 *6*
特性不安 *105*
独立達成 *28*

外山美樹 *107*
取り入れ的調整 *67*

● ナ行

内省の段階 *95, 96*
内的調整 *65*
　──スタイル *84*
内発的価値 *91, 92*
内発的人生（将来）目標 *67*
内発的動機づけ理論 *98*
内発的な学習意欲 *3, 10, 83, 84*
内発的に学習する理由 *7*
内発的欲求 *19*
永作稔 *106*
中谷素之 *123*
ニエミエク（Niemiec, C.） *88*
二次性徴 *40*
西村多久磨 *65*
二卵性双生児 *44*
認知 *17*
　──的葛藤 *21*
　──的（な）方略 *27, 97*
　──的評価理論 *82, 83*
　──欲求 *19*
脳内活動 *84*

● ハ行

バウムリンド（Baumrind, D.） *121*
萩原俊彦 *106*
長谷川寿一 *110*
パーソナリティ理論 *86*
波多野誼余夫 *87*
働く意欲 *99*
発見学習 *13*
発達 *35, 113*
　──課題 *38, 48*
　──観 *119*
　──心理学 *37*
　──段階 *38*
　──の加速化 *54*
バートン（Burton, K.D.） *105*
バーライン（Berlyne, D.E.） *21*
バランスのとれた欲求充足 *88*

バルテス（Baltes, P.B.） *43, 48*
バンデューラ（Bandura, A.） *21, 82, 93*
万能感 *50, 57, 117*
反復 *72*
ピア・サポート *124*
ピアジェ（Piaget, J.） *38, 54*
PM 理論 *123*
非共有環境 *44*
被統制感 *83, 126*
批判的思考 *72, 97*
評価 *113*
　　──の基準 *126*
　　──の主体 *126*
ピントリッチ（Pintrich, P.R.） *71, 97*
不安 *104*
深い思考 *28*
深い処理 *71*
深い理解 *102*
復習 *28, 55*
輻輳説 *42*
物質的な報酬 *125*
不登校 *56*
プランニング *97*
振り返り *28*
フロイト，S. *38, 40*
報酬 *17, 113*
誇り *94*
ホフマン（Hoffman, M.L.） *58*

● **マ行**
マズロー（Maslow, A.H.） *20, 60, 69, 130*
学ぶことのおもしろさや楽しさ *28*
満足（度） *17, 109*
自ら学ぶ意欲 *3, 4, 10*
　　──のプロセスモデル *23, 82, 113*
　　──のメカニズム *16*
三隅二不二 *123*
見通し *27*
三和秀平 *107*
無気力 *63, 78*
無能感 *29, 94*
村山航 *83*
メタ認知 *25, 26, 62, 71*

──（的）方略 *84, 97, 103*
──能力 *11, 61*
面接法 *63, 64*
目標 *16*
　　──構造 *123*
　　──達成行動 *17*
　　──内容理論 *83, 88*
モニタリング *27, 97*
問題解決学習 *13*
問題行動 *56*

● **ヤ行**
誘因 *16, 17*
優越欲求 *52, 56*
有機的統合理論 *62, 65, 82, 84*
有能感 *28, 52, 63, 93, 100*
有能さへの欲求 *2, 20, 26, 47, 86*
養育行動 *119*
要求水準 *109*
抑うつ *104*
予見の段階 *95*
予習 *13, 28, 55*
欲求 *16, 17, 47*
　　──の階層説 *20, 60, 130*

● **ラ行**
ライアン（Ryan, R.M.） *65, 67, 102, 105, 110, 122*
リソース管理方略 *97*
リーダーシップ *122*
利他の欲求 *58*
リハーサル *54, 72, 97*
流動性知能 *37*
利用価値 *92*
臨床的面接 *64*
劣等感 *40*
老年期 *36*
ローゼンバーグ（Rosenberg, M.） *75*

● **ワ行**
ワイナー（Winer, B.） *72, 82, 93*
ワークエンゲイジメント *107, 108*
渡辺弥生 *55*

著者紹介

櫻井茂男（さくらい しげお）

1956年　長野県生まれ
1986年　筑波大学大学院心理学研究科（博士課程）心理学専攻修了
現　在　筑波大学名誉教授，教育学博士
主　著
『ウェルビーイングをデザインする小中学生の非認知能力』図書文化社　2024
『動機づけ研究の理論と応用──個を活かしながら社会とつながる』金子書房　2024
『思いやりの力──共感と心の健康』新曜社　2020
『学びの「エンゲージメント」──主体的に学習に取り組む態度の評価と育て方』図書文化社　2020
『完璧を求める心理──自分や相手がラクになる対処法』金子書房 2019
『自ら学ぶ子ども──４つの心理的欲求を生かして学習意欲をはぐくむ』図書文化社 2019
『改訂版 たのしく学べる最新教育心理学』（編著）図書文化社 2017
『子どものこころ──児童心理学入門 新版』（共著）有斐閣 2014
『スタンダード 発達心理学』（共編）サイエンス社 2013
『自ら学ぶ意欲の心理学──キャリア発達の視点を加えて』有斐閣 2009
『学習意欲の心理学──自ら学ぶ子どもを育てる』誠信書房 1997
他，多数

自律的な学習意欲の心理学
──自ら学ぶことは、こんなに素晴らしい

2017年11月20日　第１刷発行
2024年 8 月30日　第３刷発行

著　者　櫻　井　茂　男
発行者　柴　田　敏　樹
印刷者　田　中　雅　博

発行所　株式会社　誠　信　書　房
〒112-0012　東京都文京区大塚 3-20-6
電話 03（3946）5666
https://www.seishinshobo.co.jp/

©Shigeo Sakurai, 2017　　　　　印刷／製本：創栄図書印刷（株）
検印省略　　落丁・乱丁本はお取り替えいたします
ISBN 978-4-414-30012-3 C1011　　Printed in Japan

JCOPY 〈(社)出版者著作権管理機構 委託出版物〉
本書の無断複写は著作権法上での例外を除き禁じられています。
複写される場合は、そのつど事前に、(社)出版者著作権管理機構
（電話03-5244-5088, FAX 03-5244-5089, e-mail: info@jcopy.or.jp）
の許諾を得てください。

アクティブラーニングを成功させる学級づくり
「自ら学ぶ力」を着実に高める学習環境づくりとは

河村茂雄 著

アクティブラーニングを成功させるには「学級」のあり方が重要である。ALの効果を上げる学級をつくるための理論や実践方法を紹介。

目次
- 序　章　〈本書の目的〉アクティブラーニングが実質化するために
- 第1章　アクティブラーニングが求められる学習活動
- 第2章　アクティブラーニングを実質化させる学級集団とは
- 第3章　アクティブラーニングが実質化する学級集団づくりとは
- 第4章　アクティブラーニングで求められる教員の指導行動
- 第5章　現状の学校現場でアクティブラーニング型授業に取り組んでいく指針

A5判並製　定価(本体1800円＋税)

教師のチームワークを成功させる6つの技法
あなたから始めるコミュニケーションの工夫

パティ・リー 著　石隈利紀 監訳　中田正敏 訳

教職員向けの、同僚とのコミュニケーション構築の技術を解説した実用書。小、中、高校、特別支援学校の教師がもっとも苦労する同僚とのチームワークの構築法を6つの技法に分けて解説。全部で180個のテクニックを掲載。

目次
- 第1章　今後に期待をもつ
- 第2章　前もって準備しておく
- 第3章　さまざまなものの見方を理解する
- 第4章　質問する
- 第5章　人の話を聞く
- 第6章　明確に話す

チームワークの活性化に役立つヒントカード
　──あなたの日々の生活でのストレスを減らし、生産性を上げるための100のアイディア

A5判並製　定価(本体1300円＋税)